PROVOCAÇÕES

OCAÇOES

PROVOCAÇÕES

ORG. JOÃO LUCAS DUSI

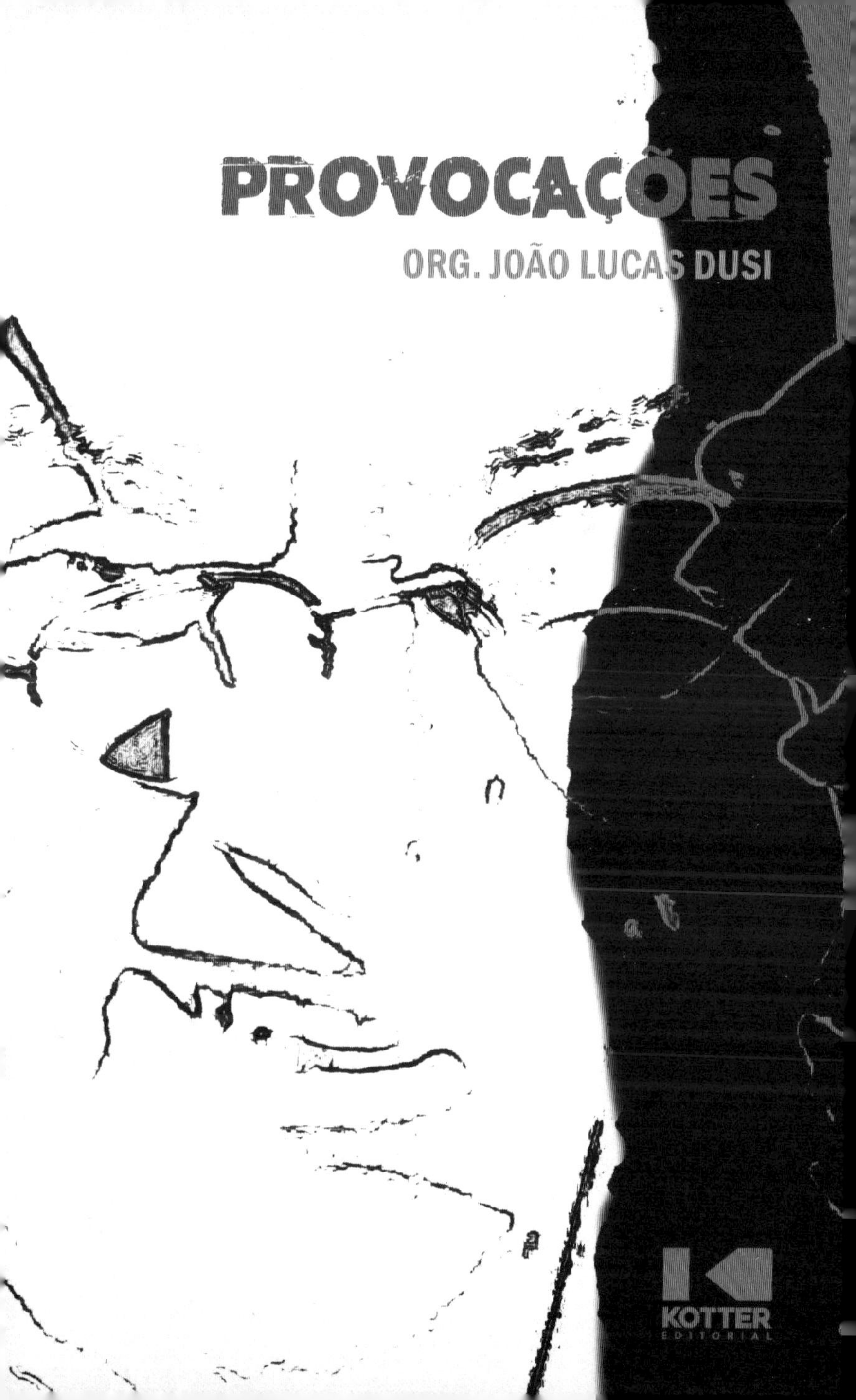

KOTTER EDITORIAL

Coordenador Editorial
Sálvio Nienkötter

Editor-executivo
João Lucas Dusi

Editor-Adjunto
Claudecir de Oliveira Rocha

Design Editorial
Andre Luiz C. Mendes

Capa
Jussara Salazar

Produção
Cristiane Luiza Nienkötter

Dados Internacionais de Catalogação na Publicação (CIP)
Angélica Ilacqua – CRB-8/7057

D967p Dusi, João Lucas
Provocações / João Lucas Dusi. - 1. ed - Curitiba : Kotter Editorial, 2024.
120p. : il.

ISBN 978-65-5361-192-4

1. Literatura brasileira 2. Entrevistas I. Título

24-3803 CDD B869

1ª EDIÇÃO | 2024

KOTTER EDITORIAL
Rua das Cerejeiras, 194
82700-510 | Curitiba/PR
+55 41 3585-5161 | www.kotter.com.br | contato@kotter.com.br

NOS BASTIDORES DA FICÇÃO

Uma ou outra pergunta representou com dignidade a proposta deste livro: homenagear o programa "Provocações", de Antônio Abujamra (1932-2015). No mais, não alcancei o tom adequado para entregar algo além do recorte de um curto período literário no Brasil, envolvendo diversos e diversas profissionais da área, de maior ou menor "prestígio" – se é que essa palavra tem qualquer coisa a ver com ficção, ainda mais em um país de 240 milhões de pessoas no qual a venda de uma tiragem de 10 mil exemplares significa sucesso estrondoso. "O Brasil ainda é um país onde se lê muito pouco. Muito pouco mesmo", afirma o professor da Universidade Federal do Paraná (UFPR) e tradutor Caetano Galindo, um dos 23 entrevistados.

O fracasso do organizador, egomaníaco a ponto de achar que o projeto gira em torno de seu umbigo, não deixa de espelhar a condição das letras em solo nacional. Para André Sant'Anna, dono de uma dicção literária única, a "literatura não tem espaço na sociedade".

Verdade ou não, ainda existem nomes que – sabe Deus o porquê – insistem em pôr livros no mundo. Eduardo Lacerda (Patuá), Claudecir Rocha (Anticítera), Daniel Osiecki (Kafka e Vespeiro), Nathan Matos (Moinhos) e Rodrigo Lacerda (Record) são os cinco editores provocados, com maior ou menor intensidade, nestas páginas.

Rocha, por exemplo, "comprou" a proposta sem rabo-preso: berrou contra todo discurso edificante envolvendo literatura, como o que sugere seu indispensável papel sociológico em um país periférico; que sugere literatura enquanto uma espécie de salvação. "Como um intelectual orgânico, nascido na miséria, acho uma babaquice essas generalizações utópicas, de receitas fáceis para uma vida de merda", crava o doutor em Letras pela UFPR, responsável pelo resgate de toda obra poética de Joaquim de Sousa Andrade (1833-1902), o Sousândrade, pela Anticítera. "Confesso que essa visão otimista em relação à literatura é sedutora e me persegue o tempo todo, mas não deixa de ser hipócrita", continua. "Na realidade, ela não tem nenhuma importância na vida da maioria dos brasileiros, pois, independentemente da classe social, é insignificante tanto para o pobre, que tem outras prioridades ('quem mói no asp'ro não fantasêia', como dizia o velho jagunço), quanto para o rico, que vê a literatura como acessório e, às vezes, objeto de poder, status."

O pessimismo, seja combativo ou fatalista, marca a fala de outros participantes – em um fato curioso, paradoxal: normalmente, quem dedica a vida à literatura tem sempre um caminhão de lixo, ou um papel de bala que seja, para despejar com desdém sobre ela. Não à toa, mais de um entrevistado escolheu a passagem de *Macbeth* que fala sobre som e fúria e a vida ser uma história contada por um idiota para definir a existência. Ainda nesse embalo melancólico, a professora, pesquisadora e escritora Thais Lancman, apesar de celebrar sua conexão com a literatura como "um privilégio e uma descoberta feliz", aponta as pedras no caminho: "O lado negativo de ser uma profissional não remunerada da escrita é que ela às vezes fica com o tempo e o espaço mental que sobra na agenda".

A respeito da produção paranaense, na mesma toada, William Teca e Daniel Osiecki compartilham semelhante impressão: a de que é quase uma "coisa" à parte na ficção nacional. "Não se fala da literatura paranaense, não se escreve sobre a literatura paranaense e não se pensa a literatura paranaense", pontua Teca, autor de *déjà vécu* (2023) e outros livros de poesia. Por mais que pareça invisível, Osiecki sugere que não é bem assim. "Não existe literatura invisível", pondera sobre o apagamento dos autores do Paraná em relação ao restante do país. "Há literatura incipiente, institucional, embebida em formol e 'bom-mocismo'."

Já Eduardo Lacerda, à frente da Patuá desde 2011, parece adotar um tom mais ameno quanto ao funcionamento da literatura no Brasil, reconhecendo o papel dos grandes conglomerados na lubrificação das engrenagens do *business*, e não tem medo de soar romântico ao falar de seu ofício. "Eu morreria se não pudesse trabalhar pelo livro, por sua existência e circulação", declara o responsável por, afirma-se sem medo, mudar os rumos da editoração no país. Um pouco menos entusiasmado, Matos – sempre pronto para denunciar a falta de interesse generalizada por literatura – questiona: "Pra quem se edita no Brasil?". E, fechando o quinteto, Rodrigo Lacerda – publicado enquanto autor, inicialmente, por casas independentes e atual editor-executivo da gigante Record – celebra a pluralidade editorial: "É ótimo saber que o Brasil tem hoje editoras menores e de grande qualidade".

Esse saudável clima combativo se estende para outros temas discutidos, como a coroação da produção ficcional mais afeita à mensagem edificante do que ao rigor literário desde a consagração, e atual reificação, de *Torto arado* (2019). Como parte de uma resposta à provocação do entrevistador ("Faz-se mais politicagem do que literatura?"), o escritor Bruno Ribeiro – autor do corajoso *Porco de raça* (2021) – disparou: "Me parece que estamos vivendo um momento de descentralização, aumento de possibilidades, autores que normalmente não seriam publicados em grandes editoras sendo publicados em grandes editoras, mais mulheres publicando, mais negros, mais gays, mais indígenas, e isso é ótimo. Acompanho a produção dos meus pares com grande alegria. O meu questionamento: é isso que chamam de politicagem?".

"Porque a maneira como muitos criticam as obras dessas pessoas me parece que fala mais deles do que delas", continua Ribeiro, que assinou com a Alfaguara. "É mais um 'tô perdendo meu espaço pra esse povo' do que uma crítica embasada de fato. Obviamente que há repetições de temas, obras genéricas, ruins, mas nunca foi assim? Quantas vezes já lemos livros sobre o típico escritor branco meia-bomba preso numa quitinete em São Paulo sofrendo com o uso abusivo de drogas e precisando de grana pra escrever a sua grande obra-prima? Há muitos livros extremamente repetitivos e que se vendem como geniais."

Depois dessa bofetada, perfeitamente alinhada à proposta deste compilado, resta virar esta página e aproveitar o que têm a dizer os outros nomes não citados nesta desnecessariamente longa apresentação. Caos e resistência, expressados de diferentes maneiras por diferentes pessoas de áreas distintas, dão corpo a estas *Provocações* – a exemplo da tocante crônica de Camila Fabro, uma sobrevivente de três AVCs que parece fazer da escrita sua poderosa aliada, sua forma de se rebelar, contra os duros golpes recebidos do acaso. Foi à lona e voltou, mais de uma vez, a autora de *Desmiolada* (2022). Com ela, aprende-se: mexer com letras é coisa de quem nasceu para o dever de guerrear e nunca ter medo. Por mais que seja uma batalha perdida.

João Lucas Dusi, escritor e editor

SUMÁRIO

ANDRÉ SANT'ANNA

Não é o "experimentalismo" que não tem espaço na literatura.
A literatura é que não tem espaço na sociedade

Sente que a sua maneira de fazer ficção, ou mesmo a do seu pai, Sérgio Sant'Anna, perdeu espaço na literatura atual? Tá tudo muito certinho, com críticas sociais feitas sob medida, sem experimentalismo, sem radicalização da linguagem?

Cada época tem a sua novidade, tem o seu passado a ser ultrapassado. O que acontece comigo – e acho que com meu pai também – é que nunca escrevi pensando no que as pessoas querem ler. Escrevi o que era muito importante, para mim, dizer. Então, já fui novidade, já fui jovem escritor, já fui autor ultrapassado etc. Mas nem minha literatura, nem qualquer literatura que "experimente", estiveram no mercado. Não é o "experimentalismo" que não tem espaço na literatura. A literatura é que não tem espaço na sociedade. Um autor, ou um tipo de literatura pode fazer algum sucesso e ganhar um pouco de dinheiro, bem pouco, com um livro, num determinado momento, mas pode se tornar obsoleto, da noite para o dia, aos olhos do público consumidor de cultura. O Godard dizia que "cultura é regra" e "arte é exceção". Livros, quando são obras de arte, acabam sendo abafados pela cultura.

Você não parece usar as redes sociais para promover o próprio trabalho. É avesso a esse formato? Como enxerga isso de ser quase mandatório, hoje, o escritor se autopromover na internet?

Bem... Sou publicitário inclusive, mas tenho um certo pudor de me autopromover, de dizer que as pessoas devem ler o que escrevo. Mas compartilho nas redes quando sai uma resenha, quando uma peça minha ou um show entra em cartaz. Eu gostava muito do Facebook, antes do algoritmo. Muita gente via as postagens, tinha muita discussão interessante, mas parece que todo mundo foi pro Instagram, que ainda não consegui dominar direito. Hoje, uso o Facebook para ler os jornais, ver como vão alguns amigos, uma ou outra briga política. Estou quase velho e não consigo acompanhar muito rapidamente o ritmo das mudanças, as senhas. Tenho saudade dos imensos suplementos de jornal aos domingos.

O que é a vida?

A vida é um camundongo de cauda comprida, numa sala cheia de cadeiras de balanço.

André Sant'Anna é escritor, músico e publicitário. Estreou na literatura, em 1998, com *Amor* – reeditado, em 2024, pela Madame Psicose. *Discurso sobre a metástase*, *O paraíso é bem bacana* e *O Brasil é bom* são alguns de seus outros livros publicados.

BRUNO RIBEIRO

A literatura no Brasil sempre foi um inferno desigual e penoso

Além de vencer o prêmio Machado DarkSide com o romance *Porco de raça*, você levou o Todavia de Não Ficção e assinou com a Alfaguara. É difícil lidar com o próprio ego após essas conquistas? Grandes vitórias podem estragar um escritor?

Me destruo diariamente, dificilmente alguma conquista seria grande o suficiente para aliviar as minhas tensões e ansiedades. Neste sentido, me considero um operário da palavra. A única coisa que me importa é escrever e tentar superar o meu próprio projeto literário, livro após livro. É uma busca eterna: nunca ficarei satisfeito. Apesar dessa carga pesada, aprendi a amar o meu ofício, me divertir escrevendo, pesquisando, criando, publicando, aproveitando o processo e deixando que as minhas próprias palavras escritas digam o que mereço ou não ganhar com elas. Então, é uma alegria conquistar as coisas, claro que sim; ganhar prêmio, dinheiro (sem ele não se ganha tempo e, sem tempo, não se escreve), contratos com editoras etc., mas essa alegria não me corrompe porque não sou um deslumbrado. São coisas importantes, fico feliz e grato, mas estou sempre pensando no amanhã. Seja na conta que preciso pagar ou no livro a ser escrito. Mas se um escritor se prender demais nessas conquistas, se apaixonar pelo espelho e pelos aplausos, não tenho dúvidas de que ele será estragado. O ego devora como draga: é impiedoso. E, quando ele vem cobrar, cobra pesado. A queda é mais vertiginosa do que a subida. O escritor dito como vitorioso precisa entender que essa conquista é momentânea. Depois de uma semana, ele voltará a ser ninguém – o estágio ideal de qualquer escritor que se preze.

***Porco de raça* é ponto fora da curva: parece um bem-vindo invasor em meio às narrativas quase panfletárias que vêm sendo festejadas em prêmios e redes sociais. Como vê a produção de seus pares contemporâneos? Faz-se mais politicagem do que literatura?**

Já estou mergulhado no campo literário há uns bons anos. Desde os blogs, o Orkut. E me parece que estamos vivendo um momento de descentralização, aumento de possibilidades, autores que normalmente não seriam publicados em grandes editoras sendo publicados em grandes editoras, mais mulheres publicando, mais negros, mais gays, mais indígenas, e isso é ótimo. Acompanho a produção dos meus pares com grande alegria. O meu questionamento: é isso que chamam de politicagem? Porque a maneira como muitos criticam as obras dessas pessoas me parece que fala mais deles do que delas. É mais um "tô perdendo meu espaço pra esse povo" do que uma crítica embasada de fato. Obviamente que há repetições de temas, obras genéricas, ruins, mas nunca foi assim? Quantas vezes já lemos livros sobre o típico escritor branco meia-bomba preso numa quitinete em São Paulo sofrendo com o uso abusivo de drogas e precisando de grana pra escrever a sua grande obra-prima? Há muitos livros extremamente repetitivos e que se vendem como geniais. Livros sobre professores brancos que se apaixonam pela aluninha. Livros com temas sérios e universais (sempre escritos por brancos). James Baldwin já disse: "(...) Literatura 'social' quando escrita por brancos, 'de protesto' quando escrita por negros". Esse tipo de questionamento, inclusive, é sempre feito pra gente. Nunca para eles. Entende? A cobrança só vem pro nosso colo. O papo é este: da mesma forma que o escritor branco tem e sempre teve o direito de ser genérico, o escritor negro também tem esse direito. O que me incomoda, na verdade, é o mercado achar que só livros assim, genéricos e que mais reforçam *status quo* do que batem de frente com eles, podem existir e que são os corretos e urgentes. Não culpo o escritor, nunca vou culpar. Ele tá lá fazendo o que acha que é certo. Culpo a engrenagem. Não atiro no mensageiro. E me considero um invasor, como você bem disse, e sei que meus textos sempre soaram como frutos estranhos, mas nunca serei a favor da forma superficial que uma parte da crítica verbaliza seus pareceres na hora de enquadrar algumas obras contemporâneas de sucesso ou o momento atual da literatura brasileira, como se antigamente vivêssemos numa *belle époque* de gênios e leitores pipocando a cada esquina. Sei lá, me parece que o pessoal tá incomodado porque a negrada tá pegando a fatia do bolo deles. A literatura no Brasil sempre foi um inferno desigual e penoso, a diferença é que os que estavam embaixo tão aprendendo a subir. E quero é mais que tomemos tudo. Mesmo que esse tudo seja um imenso nada.

O que é a vida?

Mais aprender a apanhar do que a bater.

Bruno Ribeiro é escritor de literatura e autor de *Era apenas um presente para o meu irmão: a Barbárie* *de Queimadas*, vencedor do Prêmio Todavia de Não Ficção. *Porco de raça*, *Febre de enxofre* e *Arranhando paredes* são alguns de seus outros livros publicados. Após anos de pauleira independente, assinou com a Alfaguara.

CAETANO GALINDO

O Brasil ainda é um país onde se lê muito pouco. Muito pouco mesmo.

Como professor de Letras da Universidade Federal do Paraná, sente que o ensino superior é capaz de formar leitores de ficção? Ou, ainda, o curso tem essa preocupação?

Não sei quanto à "formação". Não sei nem se existem metas claras quanto a isso.

O que é que "forma" um leitor de ficção? Quando é que se considera que ele está "pronto"? Mas acho, sim, que um bom curso de letras vai ter sempre a preocupação de "instrumentar" melhor os alunos para que eles se tornem leitores sempre mais perspicazes, com opiniões e juízos mais embasados e com uma capacidade de leitura mais profunda, que gera articulações mais inteligentes e iluminações mais poderosas. Aprender sobre romances e sobre poemas é, claro, possível. E isso sempre há de se refletir na capacidade de leitura e de exposição do que se leu. Você pode "aprender" a tirar mais da audição de uma sinfonia, da visita a um museu ou a um parque nacional. Sempre pode. Ficção não há de ser diferente.

Você trouxe incríveis autores estrangeiros para o português – Wallace, Salinger, Pynchon e Joyce, entre outros. O Brasil consegue competir, se é que é a palavra certa, com a produção ficcional de fora?

Acho que o Brasil tem uma leitura forte, que vive um bom momento, e que hoje caminha muito consciente do que de mais interessante se produz "lá fora" neste exato momento. E as aspas ali atrás têm também o seu sentido. Hoje não só os escritores e as escritoras do Brasil produzem com uma grande consciência do que se faz no mundo, mas também ampliaram um bocado a sua noção do que é esse mundo "lá fora". Há mais informação circulando, mais acesso a dados, mais variedade e mais interesse por variedade. E isso faz com que estejamos quase todos em pé de igualdade, em termos de "condições". Agora, o Brasil ainda é um país onde se lê muito pouco. Muito pouco mesmo. Um lugar onde as tiragens mesmo dos livros de sucesso são quase comicamente baixas, se pensarmos no tamanho da nossa população. E uma população pequena de leitores vai produzir um percentual pequeno de bons leitores e, necessariamente, uma porção menor de escritores. Acho que em termos da nossa população, da diversidade e da unicidade da nossa formação, nós deveríamos produzir mais escritores. E um universo de base mais ampla certamente geraria ainda mais picos, e mais altos.

O que é a vida?

Como conceito geral? Uma possibilidade, não necessária, mas aparentemente provável no desenrolar da história deste planeta e de outros. Como problema individual? Um acaso, uma bruta sorte e uma sorte bruta. Um pingo de lucidez entre dois nadas. A talvez ilusão de um privilégio quase certamente sem sentido.

Caetano Galindo é professor na Universidade Federal do Paraná, escritor e tradutor, responsável por uma festejada versão em português de *Ulysses*, do James Joyce, e por trazer *Graça infinita*, do David Foster Wallace, para o Brasil. Foi um dos vencedores do Prêmio Paraná de Literatura 2013. Publicou os contos de *Sobre os canibais* e o romance *Lia*.

CAMILA FABRO

Tudo é possível se você se concentrar e saber onde quer chegar.
Assim como na literatura.

Em busca do miolo perdido: uma história quase literária

Todo escritor pensa demais, numa mistura de memória e devaneio. Tais características fazem parte da minha vida pós-AVC. Devido a esta tragédia, perdi parte da memória e entro em constantes fluxos de consciência. Faz parte da minha vida buscando o que perdi: meus miolos.

Tem coisa que a gente só aprende vivendo... Ou morrendo. Foi a morte que me apresentou uma nova forma de viver, ou quase isso. As pessoas tendem a temer a morte porque acham que ela é o contrário da vida. Ledo engano. Ela é uma parte dela, quem sabe maior. Eu sei disso porque eu já morri e voltei. E, nisso, tive a sensação de que aquilo que chamamos de vida é apenas um pedacinho do infinito em que é constituída a morte.

Quando morri, me expandi, e tudo o que chamava vida era muito restrito à imensidão de tudo. Costumo dizer que viver é um punhado de pó de café fechadinho em um recipiente. Quando a gente morre, esse café é jogado num oceano. Expande-se. Quando uma pessoa morre, ela pode ir onde quiser: para casa, para um estado ou país distante. Tudo é possível se você se concentrar e saber onde quer chegar. Assim como na literatura.

Não saí ilesa dessa aventura. Voltei com o cérebro machucado, especificamente faltando um pedaço dele. Algo muito comum em acidentes vasculares cerebrais. Falo no plural mesmo, porque tive três. Esta é a minha história. Comecei a escrever "para valer" depois de morrer, sem ser um Brás Cubas da vida, ou da morte.

Quando voltei, não sabia mais escrever. Na verdade, nem sabia que usava óculos. As palavras saíam bem embaralhadas, tanto na fala como na escrita. Não tive a terrível afasia, mas uma lesão cognitiva do caos em que misturava francês com o português. Francês era o meu segundo idioma e, tal como Sartre, me acompanhou nos dias mais nauseantes.

No começo, só me sentia bem escutando e escrevendo frases em francês. O português (o que hoje costumo nomear de "a língua de vocês") não me vinha. Durante as tardes, tentava me conectar com a minha língua materna, e à noite chorava de solidão, porque tinha me tornado estrangeira em meu país. Foi desesperador, principalmente porque sempre ganhei o meu pão de cada dia escrevendo textos técnicos para empresas de ensino a distância. Nada glamouroso, mas o suficiente para me manter. Então, o meu plano era voltar a escrever o bastante para retornar ao mercado de trabalho e me sustentar. Somente isso. Somente tudo isso, para um cérebro com miolos incompletos.

Na minha primeira vida gostava muito de ler, quase uma obsessão, tanto que me formei em Letras. Então, minha estratégia para me reencontrar com as palavras partiu da minha própria biblioteca pessoal, especificamente com "Carnaval", de Manoel Bandeira. A escolha foi proposital porque sabia a maioria dos poemas de cor, e estava num momento em que realmente queria ir embora para Pasárgada. Abria o livro e copiava letra por letra num caderno de caligrafia. Só copiava mesmo, sem entender o contexto, sem decodificar as palavras. Mas, quando identificava um determinado poema, ficava tão feliz que o declamava (quem sabe em português exato). Foi assim que voltei a ler bem, ou quase isso.

Para escrever foi mais difícil. Meu vocabulário era restrito, o que fazia com que frases complexas fossem impossíveis de serem compreendidas. "Na minha língua", elas eram aglutinadas com francês, espanhol e alemão. Como estudava muitos idiomas, quatro deles se misturaram na minha cabeça, de modo que nada ficava perfeitamente legível. Uma sopa de letrinhas.

Além de Manuel Bandeira, a literatura me proporcionou outro excelente professor: João Guimarães Rosa. Exatamente aquele escritor que todo mundo diz que leu, mas poucos terminam um livro justamente pela complexidade de sua escrita. Guimarães Rosa gosta de coloquialismo e neologismo, de formar novas palavras misturando termos estrangeiros. Assim, ele me mostrou que, mesmo com o meu distúrbio cognitivo, poderia me expressar, e como eu precisava disso: desabafar o que estava sentindo! Assim, de supetão, sem linha, sem parágrafo, sem pontuação. Foi assim que encontrei as veredas do meu grande sertão. Foi assim que me descobri Diadorim: "Que nasceu para o dever de guerrear e nunca ter medo".

Muita gente não sabe, mas comecei a escrever nos grupos de apoio de AVC: só para sobreviventes. Lá não iriam me julgar pela falta de modos gramaticais, tampouco pelos meus devaneios. Lá ninguém iria ter dó de mim. E apesar de tudo isso ser pouco, para alguém que teve uma lesão cerebral era muito. O olhar de piedade é a pior coisa do mundo. Acredite, eu sei.

Nos grupos, toda palavra é livre, e para minha surpresa, meus parágrafos foram muito bem recebidos, mesmo sem muita morfologia e sintaxe. Lá, eles entendiam o que eu estava escrevendo porque era tudo descrição do que eu estava passando, e eles também. Muitos sobreviventes de AVC nunca tiveram contato com literatura clássica, mas todos compreenderiam um *Sagarana* e uma *Ilíada*. Todos eles estão em busca de respostas e enfrentando uma guerra interna ao mesmo tempo. Todos estão à flor da pele.

Hoje há muito glamour em torno da arte literária. Ela é vista como a comunicação de intelectuais de gravata borboleta e de bêbados incompreendidos. Opostos que se atraem nas linhas digitalizadas. Todo esse subterfúgio nos faz esquecer que a literatura é feita de reflexões sobre a vida e de histórias quase sempre inacabáveis. Ela se entrelaça muito bem com os sentimentos que a gente tem depois de sofrer um AVC. Não precisa de ortografia perfeita e todos os "pingos nos is". Não existe todo esse controle na vida, tampouco na arte – que, a meu ver, é reflexo dela. Parnasianistas que me xinguem. Não me importo.

Hoje escrevo para sobreviventes de AVC porque minha segunda vida está entrelaçada à deles. Tem coisa que só quem teve tal experiência entende. Coisas sem explicação. Coisas de quem perdeu o controle da vida em um segundo, e sobrevive todos os dias enfrentando dores inimagináveis. Porque a dor faz parte da vida e a arte de viver é aprender a lidar com ela.

No princípio, os conteúdos partiam de mim. Agora também relatam a experiências deles, porque, me expandindo na morte, aprendi que também podemos nos expandir na vida. Podemos coisas impossíveis e inimagináveis. Basta não desistir, e aprender com as vitórias e derrotas de cada processo, por mais doloroso que ele seja.

Cada texto é único porque ele reflete uma vida toda ressignificada em sua individualidade, até na minha. Na função de contadora de histórias, me tornei cronista. Como estudei teoria literária, claramente uso isso a meu favor. Digamos que esporadicamente passeio pelos bosques da ficção, mas que também permito reinventar um novo estilo nas estruturas e nas palavras. Faz parte do meu desmiolo.

A técnica utilizada não importa, o importante é que o público-alvo entenda. Peço perdão aos desavisados, mas o foco de meu trabalho é extremamente voltado aos AVCistas e pessoas com deficiência. Não se trata de inclusão, mas de preferência. Pelo menos nas minhas crônicas, o público sem deficiência é minoria. Até me surpreendo por pessoas fora da bolha me apreciarem tanto.

Falar sobre uma doença ou um acidente que mudou tanto a vida de uma pessoa pode parecer inovador ou delicado. Não o é. Na verdade, a base de tudo é o descontrole. Como agimos diante das intercorrências da vida. Todo AVCista lida com dores e notícias tristes diariamente. Todo sobrevivente acorda desesperado porque se sente à beira do precipício de suas sequelas. Não tem como romantizar uma vida assim, bem como é um tanto quanto piegas romantizar qualquer outra vida. A única diferença entre os sãos e os doentes, é que nós compreendemos que não há como consertar um infortúnio, mas dá para adaptar-se a ele. É essa a nossa história, e de muitos outros. Sou apenas a narradora.

Camila Fabro reuniu suas experiências de sobrevivente de três AVCs nas crônicas do livro *Desmiolada* e conduziu o documentário *Olhares: vidas pós-AVC.*

CLAUDECIR ROCHA

O fato é que a literatura é tão desimportante e inútil quanto esse meu discurso um tanto estúpido, pessimista, fatalista e hipócrita de um mau selvagem deslumbrado com livros e pessoas

Qual a importância da poesia e da literatura de ficção em um país tão maltratado quanto o Brasil?

Poderia dizer que a literatura, assim como a arte em geral, num país periférico e subdesenvolvido como Brasil, tem várias funções sociológicas importantes: a da transformação econômica e social, a da construção de uma nação através da cultura e do conhecimento, da construção da cidadania, da identidade de um povo e a conscientização dos direitos, do reconhecimento do outro etc., e que isso, em parte, foi e é uma realidade vivenciada por mim. Mas como um intelectual orgânico, nascido na miséria, acho uma babaquice essas generalizações utópicas, de receitas fáceis para uma vida de merda.

Confesso que essa visão otimista em relação à literatura é sedutora e me persegue o tempo todo, mas não deixa de ser hipócrita, já que na realidade ela não tem nenhuma importância na vida da maioria dos brasileiros, pois, independentemente da classe social, é insignificante tanto para o pobre que tem outras prioridades ("quem mói no asp'ro não fantasêia", como dizia o velho jagunço) quanto para o rico que vê a literatura como acessório e, às vezes, como objeto de poder, de status. E é esse "poder" que muitos perseguem, principalmente certos grupos de pseudointelectuais que se utilizam dessa retórica humanista para "dominar" culturalmente o povo, assim como os políticos profissionais, autointitulando-se representantes dele, suprimindo sua voz por um bem maior que não fazem ideia do que é, sem perceber que repetem o mesmo discurso, o mesmo pensamento hegemônico e utópico em escolas, universidades, câmaras, livros, plataformas digitais etc. Tudo não passa de retórica. De engodo.

Se num país em que a maioria dos professores – que seriam os principais agentes de leitura – não acreditam naquilo que falam, dificilmente as coisas vão mudar. Queria muito estar errado, iludido pelo meu ressentimento, mas a realidade da leitura do Brasil é péssima, em especial a das escolas públicas brasileiras, e não adianta vir com "discursinhos" pra citar casos raros e exceções, nos quais a literatura pulsa na mente de um professor como a própria vida.

Como estudante pobre de escolas públicas, não lembro de professores discutindo grandes obras da literatura, no máximo passando os olhos nos manuais sem ao menos seduzir um único aluno, professores nunca leram os grandes mestres, a literatura que te deixa incomodado, aquela que te dá um soco no estômago e você pede mais. Daí minha revolta foi justamente ir ao contrário do discurso vazio da escola, mergulhar no mundo da literatura, da filosofia, da história. É uma realidade pela qual passaram e passam muitos leitores e escritores no Brasil, principalmente os que não tiveram berço, não frequentaram as melhores escolas, não tiveram acesso fácil aos livros, nem pais que incentivaram. No final, nada disso importa porque as condições sociais e econômicas nunca foram requisitos para formar bons leitores e bons escritores, ao contrário. Então vivemos um problema cultural sem solução, nem esperança. O resultado dessa crise cultural é que se tem muito mais escritores do que leitores, e a fatia maior de leitores brasileiros está interessada em literaturas efêmeras, superficiais, literatura de *streaming*, da moda. É o país dos livros de autoajuda e da literatura de pau mole. Pode até parecer que é coisa do mundo atual, resultado da sedução tecnológica dos últimos anos, mas desde o século XIX era assim no Brasil, o interesse pela literatura, pela cultura em geral sempre esteve ligado à uma classe que se perpetua no poder, com raras exceções entre os escritores que superaram barreiras sociais e "escandalizaram os burgueses", usando a famosa expressão do poeta francês, *voyer* das tragédias humanas. Escandalizaram e foram pesados, medidos e devorados por eles, depois institucionalizados, comercializados: é o ciclo natural da arte.

Então, dizer que a literatura tem alguma importância entre os brasileiros não deixa de ser um discurso hipócrita e motivado por interesses escusos, que visa afagar o ego e alimentar vaidades de quem acredita nisso, em geral, de escritores medíocres e superficiais que se autoiludem, como se fossem "eleitos" por quem não sabe "ler".

Além disso, se a literatura tivesse alguma importância, que não a de ser objeto de arte, tornar-se-ia algo utilitário, esvaziando qualquer inovação estética em prol da sua utilização transformação social, seja didática ou ideológica.

O fato é que a literatura é tão desimportante e inútil quanto esse meu discurso um tanto estúpido, pessimista, fatalista e hipócrita de um mau selvagem deslumbrado com livros e pessoas.

Além de ter uma sólida formação acadêmica, você escreve poesia e edita livros. O que te faz insistir no caminho das letras?

Certas vezes penso que sou atraído para a literatura como se houvesse um destino maktub, um caminho irresistível para o mundo da arte, para a morte, algo que me fascina como um segredo que não espera ser revelado, junto à convicção de que tudo não passa de uma grande ilusão, um "jogo deleuziano", só pra me apresentar ainda mais pedante e covarde do que já sou – um aglomerado de opiniões alheias que esconde uma certa vergonha de um mestrado e doutorado inúteis, uma formação débil num país miserável, que sonhava em lecionar em universidades e se frustrou com as seleções burocráticas e vazias; do outro lado, os "escolhidos" que não queriam estar lecionando, péssimos professores: músicos, escritores e poetas frustrados.

A verdade é que o que me leva a insistir no caminho utópico das letras, ou melhor, da literatura, é certa obsessão paranoica por mim mesmo, por descobrir-me um nada, constantemente uma sombra vazia do que não fui, sem esperança e sem crenças, sem utopias, e que ao mesmo tempo ama esse nada, essa vida que transborda no copo de cerveja e caminha sobre uma corda bamba no abismo na sua mente, no limite do caos e autodestruição. E é só por mim que continuo escrevendo sem publicar, publicando sem escrever, totalmente desanimado e desesperançado em relação à literatura e à cultura em geral, pois sei que, entre a maioria dos livros publicados, os melhores não serão lidos, e sim esquecidos, alimentado cupins ignorantes, como já é tradição no Brasil, esse país fantasma no mundo, uma ilha de ilusões. Deste modo, amo e odeio a literatura, como posso? Não sei por quê, apenas sinto prazer e me torturo, capitulo com Catulo.

O que é a vida?

Definitivamente não sei o que é a vida, nem desejo buscar compreendê-la, não me fascina querer definir, nem explicá-la com elucubrações filosóficas de que a vida é isso ou aquilo. Um desejo de viver no limite constante da morte, um sonho dentro do sonho em queda ao nada e que nos faz olhar por uma pequena fresta a única coisa que realmente importa: a beleza da vida que é uma provocação da morte, um suspiro de sorte e nada mais. E, no fim, a vida não é nada disso.

Claudecir Rocha é editor da Anticítera.

DANIEL OSIECKI

Não existe literatura invisível. Há literatura incipiente, institucional, embebida em formol e em "bom-mocismo"

Do seu primeiro livro de contos, "Abismo" (2009), até a publicação recente do romance "Veste-me em teu labirinto" (2022), alcançou o que desejava? Por que continuar escrevendo?

Publiquei o primeiro livro da forma que deu naquele momento e pelos motivos mais clichês para um autor iniciante: ego, veleidade, pressa e prepotência. Aos 26 anos, mesmo sendo um leitor voraz desde cedo, o pretendente a escritor ainda é incipiente. Pelo menos foi o meu caso. Tanto que nunca reeditei aquele livro. Ele faz parte de um lugar distante do passado, mas que foi necessário pra enfrentar o medo de escrever, de publicar, de fazer parte da "cena". O choque quando li o *Abismo* pela primeira vez em livro foi tão grande que levei sete anos para publicar novamente. Aí sim, vem aquilo que costumo chamar de "projeto literário". Em 2009 eu queria escrever, mas ainda não sabia por quê; a partir disso, quer dizer, depois do choque de realidade percebi que precisava me alimentar muito antes de esboçar qualquer outra tentativa. O que fazer nesse caso? Ler tudo o que cai na tua mão, sobretudo os clássicos. Sempre tive, desde a graduação, um contato próximo com os contemporâneos, por isso já sabia como me relacionar com eles, mas com os clássicos a relação é diferente. Fui desde os russos aos portugueses; dos latinos aos franceses e gregos. Aquilo tudo me abriu a cabeça pra um universo que de fato era o meu.

Aqui chegamos na questão: por que continuar escrevendo? É exatamente por isso que continuo, ou seja, meu projeto literário está constantemente em construção e, claro, também em desconstrução. O alcance de um autor como eu é muito pequeno. O que se ganha em dinheiro é muito pouco e, mesmo assim, continuo a escrever. Penso que os motivos pelos quais escrevemos (me refiro a escritores a sério, a artistas) vai muito além de meras questões práticas, como pagar o aluguel ou a conta de luz. A literatura está ligada, antes de mais nada, à ideia da *práxis vital*, como bem escreveu o teórico alemão Peter Bürger.

A literatura e poesia do Paraná são invisíveis?

Não existe literatura invisível. Há literatura incipiente, institucional, embebida em formol e em "bom-mocismo". Há literatura feita para e exclusivamente academias e centros de letras. Há literatura feita para certa elite de certos bairros da cidade e, parafraseando o Vampiro, "essa Curitiba eu não viajo". Há a literatura feita por mafiosos que apadrinham pequenos projetos de ditadores mimados que surtam quando recebem crítica negativa. Há a literatura dos eventos que curiosamente levam subtítulos como "evento de literatura paranaense", porém não abrem espaço para autores e autoras locais (e temos uma verdadeira plêiade de ótimos poetas em Curitiba), nem para editoras locais, e seus curadores são pessoas de fora da cidade, como se aqui não fôssemos capazes de fazê-lo.

Esse tipo de coisa cansa, vai nos exaurindo, porque ser um artista em Curitiba é uma espécie de trabalho de guerrilha mesmo. Precisamos gritar, provocar, contestar e, sobretudo, rebelar-nos contra uma elite cultural que, do alto de seu gabinete, finge não existirmos. Eles sim, acham que a literatura feita no Paraná é invisível, mesmo porque só têm olhos para aquilo que vem de fora. Há de se superar a ideia tola e ingênua de que o que há de melhor aqui são autoras e autores publicados apenas pelos grandes conglomerados culturais do país, por grandes editoras do velho e fatídico eixo Rio-SP. Pensávamos que essa ideia estava superada, não é mesmo? Engano! A coisa ainda pesa sob o tacão de um mercado cultural subletrado e carente de tesão estético (tesão estético que também temos, e não é somenos).

O que é a vida?

Essa pergunta suscita uma série de pensamentos dispersos, mas têm um início. Como tudo, nossos questionamentos existenciais também têm uma gênese. Pra pensar em responder tua pergunta, volto às primeiras lembranças da infância. Lembro da primeira vez que olhei meu reflexo no espelho. Seguramente não foi a primeira, mas é a primeira da qual me lembro. Ali naquele momento, vendo meu reflexo num espelho de bolso de minha mãe, pensei que o menino que me encarava ali do outro lado não era eu; era outra pessoa. Muitos anos depois, numa ida à praia com amigos e com meu irmão, eu ainda impactado com a leitura de *Em nome da terra*, romance do português Vergílio Ferreira, olhando o mar ao pôr do sol, tive um momento de epifania e me pareceu que o mar talvez fosse a melhor analogia para o ser humano. Sempre igual, mas nunca o mesmo. Vivemos diariamente sob a égide desse paradoxo, o que já é, por si só, causador de crises existenciais intermináveis. É muito relevante aqui a questão da linguagem, do fazer poético e da representação estética seja lá do que for, pois é só dessa forma que conseguiria responder algo tão complexo como essa pergunta que, de tão banal, torna-se impossível de ser categórico. Volto à ideia do paradoxo que citei há pouco, quer dizer, refletir sobre a vida torna-se o questionamento mais perverso exatamente por soar óbvio. E no passar dos anos vamos percebendo isso de forma cada vez mais clara. Óbvio que não espero encontrar nada depois que morrer. Sou um ateu, um marxista materialista tal qual o Esteves sem metafísica, de "Tabacaria". A vida é estar sempre só nos dois momentos nevrálgicos do ser humano: nasce só e morre só, em total abandono. A vida é isso: um flanar pela calçada observando os códigos (reais ou não) que nos são impostos.

Daniel Osiecki é editor da Kafka e Vespeiro Edições, com longa passagem pela Kotter. Entre prosa e verso, publicou nove títulos – *Atmosfera das grutas* (poesia, 2023) e a reedição de *Sob o signo da noite* (conto, 2024) são os mais recentes.

DIRCE WALTRICK DO AMARANTE

Acredito que quanto mais "restar" do autor traduzido na tradução melhor ela será.

Como tradutora de Joyce e Gertrude Stein, entre outros grandes nomes, conte: o que resta do autor "original" quando ele é trazido para outra língua? Ainda: existe isso de autor "original"?

Acredito que quanto mais "restar" do autor traduzido na tradução melhor ela será. Na ficção, de um modo geral, e, principalmente, em textos altamente inventivos e poéticos, há muitas camadas a serem traduzidas, mas nem sempre é possível (ou, diria, é quase impossível) recuperar todas elas na língua de chegada. Portanto, o tradutor tem que trabalhar com a ideia de perdas e ganhos. O trabalho do tradutor consistiria, a meu ver, em saber dosar as perdas e ganhos para reproduzir essas camadas do texto de partida, as quais ele terá que reproduzir (ou recriar) no texto de chegada. Nesse sentido, gosto muito da ideia de tradução como manipulação, de que fala o tradutor francês Cyril Aslanov, e do conceito de recriação, de Haroldo de Campos. A palavra manipulação não deve ser entendida no sentido negativo, mas no sentido usado pelos farmacêuticos ou químicos, que manipulam remédios e fórmulas – se colocam uma dosagem inferior de alguns dos componentes, a fórmula poderá não ter efeito, ou poderá ter um efeito indesejado; e se sobrecarregam nos componentes, poderão matar o paciente (no caso da tradução, poderão matar o autor e o texto de partida). Como se chega a essa dosagem "certa"? Pesquisando o autor, sua linguagem, lendo e relendo o texto e se propondo a fazer algo equivalente. Aliás, cabe lembrar que o tradutor é antes de tudo um leitor, que precisa interpretar a obra, não para parafraseá-la, mas para tentar achar na língua de chegada a palavra, a expressão etc. que mais se aproxime daquela da língua do autor. Claro que toda a leitura é autobiográfica, pois depende do repertório do leitor. No caso do tradutor, essa leitura deveria vir embasada num amplo repertório, não só devotado à obra, mas à época em que foi escrita... Ainda assim, a tradução tem algo de pessoal, algo do tradutor, é inevitável. Afinal, o leitor como intérprete daquele texto ganha também o *status* de autor, como defende Roland Barthes em seu texto clássico "A morte do autor". A escritora estadunidense Gertrude Stein, anos antes de Barthes, afirmava, porém, contrariando essa afirmação do pensador francês, que "uma coisa criada significa mais para o escritor do que para o leitor. Ela só pode significar alguma coisa para uma pessoa, e essa pessoa é aquela que a escreveu". Assim, é preciso ter sempre em mente as duas considerações, sabendo, contudo, que nunca vamos conseguir desvendar a cabeça do autor, porém podemos ir atrás de pistas.

Por que abandonou o Direito, área de notório prestígio e aplaudida pela maioria, pelo caminho tortuoso das letras?

Na verdade, não abandonei o Direito, ainda leio livros a respeito e me interesso em saber como algumas questões vêm sendo resolvidas. Confesso que o faculdade de Direito, lá nos anos 1990, quando eu a cursei na Universidade Federal de Santa Catarina, me deixou um pouco decepcionada: os alunos e professores pareciam viver em um universo à parte, interpretando e aplicando leis sem aparentemente compreender a sociedade, sem perceber que as leis, como afirma Linda Colley em *A letra da lei*, são criações de uma casta, são lidas e entendidas por essa mesma casta e só sobrevivem se forem aceitas por outra casta superior a essa. Depois de formada, acabei atuando na área e percebendo que alguns profissionais do Direito, principalmente juízes e promotores, pertenciam a uma casta e que avaliavam a sociedade segundo o seu padrão econômico e social, o qual muitos alcançaram apenas depois de terem ingressado na profissão. Parece-me que as regalias da profissão criaram um abismo entre esses profissionais e a sociedade brasileira. Mas é claro que há sempre excelentes profissionais, que são grandes pensadores e estão atentos ao entorno e, mais importante, dialogam com outras áreas do conhecimento; são esses profissionais que me animam a retornar às minhas origens, mas sem abandonar a literatura e outras áreas do conhecimento.

O que é a vida?

Não faço a menor ideia, mas estou tentando descobrir, embora não faça tanta questão de desvendar esse enigma, que pode me levar a uma tragédia, como aconteceu com Édipo. Vou seguindo, explorando e tentando usufruir dos dias contados de que disponho para fazer alguma coisa que me dê prazer, desde que esse prazer não cerceie, é claro, o prazer dos outros. O conhecimento causa, a meu ver, grande prazer, e a tradução, apesar da ansiedade que gera e das incertezas que a acompanham, pode ser uma das formas de conhecimento.

Dirce Waltrick do Amarante é professora da Universidade Federal de Santa Catarina, escritora e tradutora. Pela Kotter, lançou *Cenas*.

EDUARDO LACERDA

Eu morreria se não pudesse trabalhar pelo livro, por sua existência e circulação

A Patuá, com muitos prêmios e indicações, é prova de que a jornada independente é capaz de tomar um bom espaço dos conglomerados editoriais. Seu ego, em meio às conquistas, já te assombrou alguma vez? Como lida com essa questão?

Fico muito feliz com os prêmios que a Patuá recebe de vez em quando. Seria mentira afirmar que essa felicidade não envolve o ego, mas eu tento, em tudo na minha vida, ter um bom senso sobre as coisas, ponderar e entender qual a importância do meu trabalho e não me deixar envolver por esse ego. Não posso dizer que o que fiz até aqui não teve alguma importância para a literatura. Na última década, ajudei (pois o trabalho é sempre coletivo) a movimentar a roda da literatura e ocupei um espaço – com muitos erros e alguns acertos –, mas outras pessoas teriam ocupado se não fosse eu, não existe nada de especial em mim. A literatura, o livro, a poesia existiam (e muito bem) antes do meu trabalho e continuarão existindo (muito bem) quando eu parar. Muito além de uma falsa modéstia ou de uma arrogância, existe um editor apaixonado e obstinado pelo livro, pela poesia, pela literatura, pelos escritores e escritores e, principalmente, em ajudar na formação de leitores e leitoras, que são raros ainda em nosso país. Agora, tirando a felicidade em ganhar prêmios e no que eles ajudam nas vendas e na divulgação de um trabalho, os prêmios são uma ilusão. Um livro não passa a ser melhor ou pior por ganhar ou não ganhar um prêmio, os sistemas de avaliação são sempre políticos, em um sentido bem amplo, e até bom de vez em quando, que atendem demandas objetivas e subjetivas, sociais, coletivas e individuais. Como um livro geralmente só pode concorrer no ano seguinte ao do lançamento, se um bom livro não é lido pelos jurados certos, por melhor que seja, não ganhará nenhum prêmio. E isso não é necessariamente ruim. Precisamos ampliar o debate sobre literatura para além das revistas de fofocas e celebridades, a literatura está – ou deveria estar – acima disso. Se existir uma ressonância crítica sobre os livros publicados, se existirem leitores, o debate fica mais sério, menos dependente dos prêmios. Outra ilusão, ainda maior, é achar que tiramos espaço dos conglomerados editoriais. Eu nunca quis concorrer com nenhuma editora, nem com as maiores, muito menos com as pequenas e independentes, nem sou dos que creem as grandes editoras como vilãs. Acho que algumas grandes editoras fazem trabalhos excelentes, muitos dos melhores livros que li foram editados por elas. Por outro lado, não são boas por natureza, são empresas, buscam lucro, fazem parte de um sistema de exclusão (contra esse sistema de exclusão sim, eu me coloco contra, embora também faça parte em certa medida) e, como visam o lucro, seria ingênuo achar que porque algumas pequenas editoras independentes ganharam alguns poucos prêmios importantes nos últimos anos nós tomamos um espaço significativo. Não diminuo a importância dos espaços que ocupamos. O que quero afirmar é que, se realmente alguma pequena editora estivesse incomodando, talvez nem pudesse existir. E ainda há um forte silenciamento (silenciar talvez seja mais poderoso que não deixar existir), um apagamento ou apenas ignoram esse trabalho feito de forma brilhante em todo o país. Algumas grandes editoras são financiadas por bancos, são donas de revistas e jornais, fazem parte da composição societária de livrarias, são parceiras de institutos culturais importantes, financiam os prêmios, muitos de seus autores são artistas, professores universitários, críticos, jornalistas. De forma resumida, financiam o que será editado, editam, comercializam o que editaram, divulgam o que é editado, premiam o que foi editado por elas: é um sistema perverso de autolegitimação que influencia muito no que será lido no país e depois também comprado pelos governos (municipais, estaduais e federal). Não é ilegal, mas não é completamente justo.

Depois de tanta estrada, ainda diria que transformar a paixão pela leitura em ganha-pão é uma boa ideia?

Ser editor é a minha identidade. No livro *Cartas a um jovem poeta*, Rilke escreve "*Não há senão um caminho. Procure entrar em si mesmo. Investigue o motivo que o manda escrever; examine se estende suas raízes pelos recantos mais profundos de sua alma; confesse a si mesmo: morreria, se lhe fosse vedado escrever? Isto acima de tudo: pergunte a si mesmo na hora mais tranquila de sua noite: 'Sou mesmo forçado a escrever?'. Escave dentro de si uma resposta profunda. Se for afirmativa, se puder contestar àquela pergunta severa por um forte e simples 'sou', então construa a sua vida de acordo com esta necessidade. Sua vida, até em sua hora mais indiferente e anódina, deverá tornar-se o sinal e o testemunho de tal pressão*". Sinto o mesmo com a edição. Eu morreria se não pudesse trabalhar pelo livro, por sua existência e circulação.

O que é a vida?

Um breve tempo de consciência, entre nascer e morrer, para ajudar a transformar o mundo para algo um pouco melhor do que encontramos, estar em contato com o outro e ainda tomar uma cerveja.

Eduardo Lacerda está à frente da Patuá desde 2011. Editou mais de dois mil títulos e é autor dos poemas de *Outro dia de folia.*

GIOVANA MADALOSSO

Escrevo para poder morrer e voltar

Ao longo da sua trajetória de ficcionista, as críticas já mexeram muito contigo? Sua produção é afetada – seja lá atrás, como quando das negativas ao *Tudo pode ser roubado*, até hoje – pelo que dizem/escrevem a respeito do seu trabalho? O que te move?

Críticas me afetam, desde que sejam sérias. *Tudo pode ser roubado* recebeu uma resenha negativa de alguém que não leu o livro – chamava a protagonista de Camila, sendo que esse não era o seu nome. Quando uma crítica é bem-feita, seja positiva ou negativa, é muito bem-vinda. Acho inclusive um privilégio, em meio a tantas obras, alguém se debruçar sobre a sua e abrir perspectivas para uma análise daquele trabalho que, para você, já estava esgotado. No entanto, é preciso cuidar para que as críticas não passem a assombrar o escritor e a paralisá-lo quando encontra a próxima página em branco. Tenho a sorte de ter memória fraca. Além disso, não sou movida pela crítica, sou movida pelo leitor.

Me corrija se eu estiver errado, mas sua ficção parece seguir uma linha mais tradicional de criação de enredo e personagens, de fabulação, sem o peso melancólico da autoficção ou, ainda, sem cair muito em críticas sociais. Ainda há espaço para esse tipo de produção?

Não acho que a fabulação seja de um campo mais tradicional. Fabular não faz parte de um tempo ou de uma escola literária, a fabulação existe, de certa forma, inclusive na autoficção. Sobre críticas sociais, acho que estão em tudo o que eu faço. Como feminista, cidadã de um país marcado pela fome e ameaças autoritárias e de um planeta em plena crise do clima, nem que quisesse conseguiria escrever de forma isenta. *Tudo pode ser roubado* critica o capitalismo à medida que ataca a ideia ilusória de felicidade por trás do consumo. Meu último romance, *Suíte Tóquio*, tem esse nome porque é assim que uma das narradoras chama o quarto de serviço de sua casa, que reformou como se fosse a suíte de um hotel japonês, a fim de atrair a babá a viver ininterruptamente lá dentro. A tensão de classes e as condições de trabalho das empregadas no Brasil, muitas vezes análogas à escravidão, são o cerne dessa obra, que traz ainda outras questões do feminismo interseccional.

O que é a vida?

Esse lugar ao qual me agarro com paixão e deslumbramento, mas que, às vezes, também me machuca. Por isso escrevo, para poder morrer e voltar.

Giovana Madalosso é autora dos livros *A teta racional*, *Tudo pode ser roubado* e *Suíte Tóquio*.

GUILHERME GONTIJO FLORES

A adversidade parece ser mesmo a condição de um poeta neste nosso tempo, neste nosso lugar

O meio acadêmico influencia, positiva ou negativamente, sua produção poética? Essas diferentes linguagens se entendem?

Cara, essa pergunta tem duas respostas, em certo ponto até contraditórias, mas isso é o que a gente faz na vida: contradizer. A primeira é muito pragmática: a universidade é hoje o lugar mais acolhedor para um artista da linguagem fazer seu viver com certa independência das regras do mercado; nesse sentido, ela não só ajuda, como mesmo até me dá as condições para ser poeta-tradutor, ou tradutor-poeta, na medida em que me permite trabalhar com a linguagem e conseguir pagar as contas.

A segunda é mais teórica: no meu caso, eu tento mesmo fazer essas duas margens meio antagônicas conviverem, isto é, quero fazer com que a minha obra seja a um só tempo prática e teoria, criação e tradução, ação e crítica; então, nesse caso muito específico (e que não sei se vale para outras pessoas), o meio acadêmico me influencia enquanto ele não se mostra como o academicismo clichê que tanto conhecemos, quando não é burocrata, previsível, repetitivo, estreito etc.; em outras palavras, quando a academia é o lugar de pensar com risco, o lugar de agir a vida como estética, aí ela é o ponto de entendimento que procuro há anos; e a academia também é isso. Se o clichê faz de mim um poeta acadêmico, no sentido pejorativo, bom, não sei dizer: espero muito sinceramente que não, que esse cruzamento possa ser um gesto – mesmo que muito pequeno – de contribuição para as possibilidades presentes da academia e da poesia. Aposto que existem pontos de contato, não um só: são pequenos, são instáveis e perigosos, e isso só os torna ainda mais interessantes.

Por que se dedicar às letras, seja como tradutor, poeta ou professor, em um país que, em sua maioria e por motivos diversos, parece ignorar tudo isso?

Talvez por isso mesmo. Penso que, se eu vivesse num mundo em que a academia se mostrasse demasiado estável e firme, em que a poesia já tivesse sua fatia clara de mercado, eu me desinteressaria, porque não poderia manter esse lugar, vamos dizer assim, amador da minha vida. Não quero dizer com isso que gosto desta nossa ilhota cultural por ser ilhota, nem que me divirto em escrever para poucos. Claro que gostaria de ter um espaço maior, amaria de ver a poesia escrita e radical numa circulação ampla entre as pessoas, como, por exemplo, a canção tem no Brasil. Mas não posso mentir para mim mesmo: a adversidade parece ser mesmo a condição de um poeta neste nosso tempo, neste nosso lugar. E, se é a condição, eu a aceito de com alegria.

O que é a vida?

Um *intermezzo* magnífico da morte. Ou o ponto em que a matéria não se satisfaz consigo própria. Não sei se há uma síntese perfeita dos dois pontos precários que dei, e tenho certeza de que não existe síntese da vida, felizmente.

Guilherme Gontijo Flores é professor da Universidade Federal do Paraná, escritor, poeta e tradutor. *Potlatch*, de poesia, é seu livro mais recente.

JULIANA FRANK

Não tenho muita motivação para seguir escrevendo, mas estou acostumada a criar.

Em um cenário que parece dominado pela ficção imersa em críticas sociais, reparações históricas e denúncias várias, sua literatura ainda tem espaço? O que te motiva a seguir escrevendo?

Não tem muito espaço. Mas também acredito que essa literatura engajada é apenas moda, uma coisa momentânea. Enquanto a ficção sempre ficará na história. Não que eu esteja interessada em marcar algo definitivo, mas sabemos, através da história da literatura, que as questões humanas gerais, e não as pontuais, são as que ficam. Não tenho muita motivação para seguir escrevendo, mas estou acostumada a criar. Enquanto tiver alguma história pra contar, continuo.

É correto afirmar que um certo humor trágico guia tua prosa? A forma com que suas personagens parecem abraçar a derrocada, mesmo que de maneira autoconsciente, reflete algo da própria autora?

Provavelmente. Não vejo graça em histórias em que tudo dá certo. As minhas são uma *bad trip*. Considero o mundo um lugar desconfortável, tenho pouco traquejo para lidar com a realidade e isso se reflete nas aventuras que crio.

O que é a vida?

Uma aventura sem sentido.

Juliana Frank é autora, entre outros livros, de *Troquei um boquete por uma Barbie Glitter*, *Uísque e vergonha* e *Meu coração de pedra-pomes*.

LUCI COLLIN

Reverencio a escrita como uma manifestação cultural que contribui para preservar valores, percepções, sentimentos, ludicidade, comoção

Querida enquanto professora e bem-sucedida na ficção, você não parece ter se rendido às artimanhas do ego: é sempre solícita com seja lá quem for. Agora, como enxerga os meios em que está inserida, o literário e acadêmico? São predatórios ou, vá lá, esnobes?

Olha que essa pergunta passa por muitos pontos da minha vida, das minhas relações, do meu entendimento de trabalho e, mais do que qualquer outra coisa, do meu entendimento da própria vida (mas isso vou responder só na ultimíssima). "Querida enquanto professora", dito ali. Historinha: *Jesus Maria José, minha alma vos entrego queria ser professora como a mãe e como a vó Lucy e como a tia-avó Rachel e a tia Yara e como a minha bisavó (de Latim), deixa eu virar professora um dia amém.* Então, a professora que começou oficialmente aos 16 anos dando aulas de música, mas que desde cedo, 8 ou 9, enfileirava umas bonecas e dava aulas para elas, severa com quem conversasse, mas repetia o conteúdo pacientemente para quem tivesse alguma dificuldade de aprendizado. Aos 20 comecei a dar aulas no ensino superior – disciplina: Estética, na Escola de Música e Belas Artes do Paraná. Um dos alunos, uns anos depois virou até marido da profe, mas isso não fazia parte da ementa e hoje em dia há muito é ex. Depois, UFPR por anos e aquela menininha feliz da vida porque logrou êxito no pedido – é muito apaixonante, muito emocionante o convívio com o alunado (substantivo; e o verbo é "pousar na lua") – é de se querer fazer tudo de novo. Estar disponível – é igual a querer escrever: é para alguém – tem que se encontrar disponível para as tramas e sons e gente chegando e saindo e parágrafos e essas coisas todas de silêncio e som. Não sei se entendo "bem-sucedida na ficção" – eu escrevo, com o maior grau de liberdade possível, uma literatura experimental que, espero, desestabilize um pouquinho e faça com que as pessoas que a leem se sintam jogando com as palavras, mas, pela escolha do livremente, nunca fiz o tipo "de sucesso" no sentido mais usual da palavra (com esquema de marketing, que remete a grandes tiragens etc. etc. e postando nas redes sociais tudo o que se faz – essa parte em que o escritor é uma imagem é algo mais recente e não pertence à minha história), então não tenho que me preocupar com essa instância do ego, não. Assumidamente artista, acredito que isso me liga, de imediato, à consciência da minha função social; é uma responsabilidade com demandas profundas isso da Arte, uma ação, um fazer que pede espaço para uma contínua dissolução/amálgama de muitos elementos e, nesse contexto, ego pode ser uma âncora tosca. É muito importante para mim esse "ser solícita" – além de ser uma maneira de eu mesma respeitar o meu temperamento, faz parte de como vejo a teia de relações, então tento estar com as pessoas, com alegria – quando possível (mas não tenho nada de adocicada poliana nem de ingênua nem de otária, *vide*). Dos meios – literário e acadêmico – foram uma eleição minha e sigo tranquilamente convicta de que fiz as escolhas que mais me aproximam da alegria. Quanto à mecânica a carinha a ética o tônus a semântica a evanescência e o pigarro dos meios: sempre me foi difícil falar sobre grupos, não tenho essa experiência porque sempre vivi mais isolada, não pertenço a grupos, nunca pertenci – tenho muitas e muitas amizades, muita gente querida e amiga na vida, mas nunca participei de nenhum grupo específico (ah, só um, na juventude! A Cooperativa de Artes do Paraná, em 1984). Sobre o meio literário: é de vaidades, muitas vezes, talvez como todos os círculos em que há uma exposição do seu nome, mas é de humanidade também, muitíssimo e congrega pessoas muito belas, muito corajosas e que exercem com consciência a ação da escrita, essa importante pra mais de metro. Meio acadêmico: olha quanta gente incrível conheci e venho conhecendo, professores, pesquisadores numa pulsação rara, numa corrente de promoção do ensino enquanto transformação. Só quero lembrar de quem se entende no meio acadêmico como uma força de transformação. Dar aulas é uma atividade que exige muita dedicação, muita entrega, paixão mesmo. Vaidades intelectuais, quem quer falar disso? O sistema educacional brasileiro, fruto de uma cultura vilipendiada e entregue a influências muito devastadoras desde sempre, é uma estrutura frágil e doente. Hoje, sobreviver na estrutura acadêmica, por suas regras, é muito complexo e desgastante. Mas, ainda assim, há os que enfrentam tudo isso e vão para a docência e para a pesquisa. Salve! Quem se perder em esnobismos vai perder muita coisa bonita de uma atividade que prevê encontros e transmissão. Entrar numa sala de aula é algo muito comovedor. Pra ser feito com desvelo. Como escrever. Me diz muito isso de podermos fazer escolhas: predador? Dá pra escolher ser pregador, orador sacro, pregador de roupa, de porta, de tapete: uma letra. Muitas pra gente escolher.

O Brasil é notoriamente, e infelizmente, um país pouco dado à leitura – por vários motivos. O que te motiva a seguir produzindo ficção e poesia com consistência?

Sempre me pareceu essencial relacionar a condição cultural do Brasil ao próprio desejo de escrever porque nessa gênese do desejo se encontra também a força que vai lhe impulsionar a/à escrita. Essa questão cultural – onde se insere o problema do desinteresse pela leitura no nosso país – tem uma complexidade imensa e passa pelos absurdos que marcam a nossa história (e, naturalmente, os desdobramentos éticos que balizam as estruturas sócio-político-econômicas), desde seu início quando (lánaIdademédia antesaté e vem cansaço do embuste dos posteriores grandesDescobrimentos – *tchaumesmo*) passamos a ser pensados e truculentamente cobiçados como as terras que solucionariam a miséria material e moral da Europa ocidental; desde lá, portanto, até hoje, com a exacerbação das consequências da violência, das injustiças, das discriminações, do desequilíbrio social e da indiferença em relação às nossas características enquanto brasileiros, impressos nesse processo histórico. É nesse cenário bastante sinistro (e é claro que não dá pra desconsiderar o cenário mundial com os efeitos da globalização, mas vamos pra um foco), que os escritores têm que dar à luz produtos estéticos que cumpram sua função. É uma responsabilidade imensa e acredito muito fortemente que é da compreensão dessa responsabilidade que deve vir a motivação para seguirmos escrevendo. Numa cultura sucateada, desde sempre vendida a interesses estrangeiros que têm como princípio uma imposição de vetores de apagamento cultural, os escritores devem preservar a ideia e a ação de que, de um modo muito nítido, é justamente aí que nos fazemos mais necessários; é aí que podemos fazer valer nosso papel ancestral de – pela promoção do poético, recriando, dando forma e transmitindo histórias – falar diretamente com a tribo, contribuir para preservar e disseminar experiências ligadas a percepções mais profundas da nossa existência, ontologicamente e também tratando de como nos organizamos para fazer com que a vida se manifeste e circule. Essa é uma visão puramente pessoal, claro, que faz sentido para mim e que, talvez, possa se chocar com outras compreensões do papel do escritor na sociedade. Respondo aqui de um modo muito subjetivo, sem querer impor posturas e respeitando todos os outros "porquês". Reverencio a escrita como uma manifestação cultural que contribui para preservar valores, percepções, sentimentos, ludicidade, comoção, afinal, elementos que possam importar para a integridade da nossa existência. Pretensiosa? Podem julgar à vontade. Eu mesma não estou dizendo que consigo fazer isso com os meus escritos; mas digo aqui que é o que venho tentando fazer com os meus escritos nesses quarenta anos em que tenho me manifestado em publicações.

O que é a vida?

A grande noção da vida enquanto centelha de existência deve permanecer mistério intacto. Vida é teia de relações, interdependência, interconexão e importa mais a condução do nosso silêncio reverente quanto a esse mistério. E ao mesmo tempo, na nossa experiência humana, condução sinonimiza prática e ao mesmo tempo, prática prevê movimentos: de autodescoberta, de amorosidade, de altruísmo, de preservação, de amizade, de responsabilidade – vida ética. Vida estampada no tempo passando e então olhar para as coisas do mundo tentando evitar desperdícios; empenho do olhar absolutamente dedicado, entusiasmado, cuidadoso. Estar satisfeito. Saborear o que chega. Saber soltar, deixar ir numa serenada desambição. Vida duríssima: cairelevantar. Vida dulcíssima: encontros; agradecimento; compaixão. Apreciar o que consegue ser mais simples. Tentar ser mais simples. Afazer: diligência. Pacto: atenção. Vida não sendo apenas coisas do mundo, é palavra-gesto que se pode cumprir mistério de flor. Vida? Uma palavra sobre a outra: dificilfácil.

Luci Collin é professora na Universidade Federal do Paraná e uma das escritoras mais prolíficas da literatura paranaense contemporânea. *Olho reavido*, *Dedos impermitidos* e *Rosa que está* são alguns de seus livros publicados. Pela Kotter, lançou *Antologia poética (1984-2018)*.

LUIZ REBINSKI

Às vezes encho o saco da cena literária,
mas não consigo largar os livros

Você editou o jornal de literatura *Cândido* por oito anos, entre 2011 e 2019, e publicou o romance *Um pouco mais ao sul.* Por que se dedicar às letras em um país de não leitores?

Foi um caminho "natural" para mim. Eu lia desde bem cedo. Já nos primeiros anos da faculdade de Jornalismo comecei a colaborar com publicações de literatura e de cultura de forma geral. Sempre quis escrever sobre música, também, que é uma área pela qual sou absolutamente fascinado. Mas, por mais que tentasse sair do prumo, sempre acabava direcionado para os livros. Acho que vai ser assim até o fim. Às vezes encho o saco da cena literária, mas não consigo largar os livros. Posso ir vender parafuso pra ganhar a vida, mas sempre estarei ao lado deles (livros). A história de editar o *Cândido* foi meio por acaso. Era pra ser outra pessoa, que não pôde, e eu acabei entrando. E fui levando... levando... e levei por 95 edições ininterruptas.

E essa história de "país de não leitores", tá, ela existe, mas acho que quem tá nessa de literatura não fica muito com isso na cabeça. Gente que ama literatura, ama e pronto. Toca o pau. É uma questão mais pra gente que lida diretamente com políticas públicas na fonte. Mas claro que editar um jornal de literatura é também um ato político. Ajuda. O *Cândido* tinha um lado didático, tanto que era usado em escolas como material de apoio. Mas o objetivo era falar pra todos, os convertidos e os iniciantes.

Depois de passar quase uma década em contato com as mais diferentes vozes literárias, e ainda exercer um trabalho semelhante no *Rascunho,* o que diria que falta para a produção contemporânea? Para onde a ficção caminha?

Acho que a literatura de ficção de um país sempre meio que anda junto com os acontecimentos da sociedade. No Brasil não é diferente. É só olhar a produção dos anos 1970, com um monte de livros sobre a ditadura, vários deles falando do assunto de forma velada, outros de maneira mais escancarada. Aí, nos anos 2000, teve aquela onda de "autoficção". Agora, mais recente, surgiram escritores e escritoras mais preocupados com pautas sociais e de costume. Isso que vou dizer meio que virou clichê, mas o grande barato hoje é a diversidade. Por exemplo, se você gosta de literatura *sci-fi*, você tem uma enormidade de autores e livros, no Brasil e fora daqui. Há várias subdivisões dentro da literatura de ficção científica. Se você curte romance policial, mesma coisa. Ou se você quiser passar o resto da vida lendo só mulheres, vai se esbaldar também. Hoje tem uma cena de autores escrevendo *Young Adult* que não existia há uns 10 ou 15 anos no Brasil. Enfim, tem de tudo. O duro mesmo é você se encontrar no meio de tantas possibilidades. Por isso ainda acho importante o papel de veículos literários. Eles dão um norte. É um entre tantos caminhos, mas pode ser válido para algumas pessoas... Então é difícil dizer o que "falta" para a produção contemporânea. Bons livros existem, o que está faltando mesmo são mais leitores. Com o tamanho da nossa população, poderíamos ter bem mais gente lendo de verdade, com interesse, indo além do livro didático e da leitura por obrigação da escola.

O que é a vida?

Essa é pra sacanear, né?! Eu não tenho muito "estofo" intelectual para dar uma baita resposta. Não conseguiria surpreender ninguém... Mas a frase do Shakespeare, em *Macbeth*, é uma das melhores definições que já ouvi: "A vida é uma história cheia de som e fúria, contada por um idiota e que não significa nada". É tão foda que inspirou um dos melhores livros do Faulkner, que é um autor CHEIO de bons livros. A verdade é que ninguém sabe o que é a vida. Todo mundo vai "tocando" do jeito que dá. Por mais que tenha um monte de gente dizendo qual é o caminho "certo", é só chute... É claro que cada um sempre tenta tomar as melhores decisões a partir do caminho que escolheu. Mas por mais racional e inteligente que você seja, sempre há o imponderável, como dizia Nelson Rodrigues. Por quê? Porque nossos atos não são apenas racionais, tem um monte de sentimentos que nos fazem tomar decisões equivocadas... é só ver quantas cagadas se faz por gostar de alguém. A vida é um pouco disso tudo.

Luiz Rebinski é escritor e jornalista. Editou o jornal de literatura *Cândido*, da Biblioteca Pública do Paraná, de 2011 a 2019 e publicou o romance *Um pouco mais ao sul*.

MÁRCIA BARBIERI

Escrever é encontrar a minha verdade,
não a verdade do mercado literário

Seu estilo de escrita é agressivo e reflexivo, combativo sem pudor, passando longe de um certo espírito do tempo literário que parece praticar críticas sociais sob medida. Essa observação condiz com sua proposta literária? Acha que tua ficção é quase deslocada no circuito de hoje?

Essa pergunta é bem complicada, porque de certa forma é quase impossível fugir do seu próprio tempo e do seu *modus operandi*... Encaro como um exercício literário, tento não me mover de acordo com a maré, até porque as marés mudam constantemente. Não escrevo para agradar ninguém, a não ser a mim mesmo. Se agrado algum leitor, por acaso, acho isso incrível: significa que somos almas semelhantes. Escrever é encontrar a minha verdade, não a verdade do mercado literário, a qual leva em conta diversas coisas e a maioria delas não tem nada a ver com arte ou literatura. O mercado literário, como qualquer outro mercado, é engolido pelo capitalismo e suas exigências. A literatura não deve estar a favor do mercado, a obra de arte não deve se comportar como um produto, mas como um objeto incapturável. Acho que isso é ser um pouco revolucionário. Talvez essa visão seja um pouco quixotesca, no entanto, não acredito em uma obra que esteja fora dessa visão. O autor deve estar marginalizado do seu tempo, como um relógio que atrasa ou adianta. Não que seja confortável não se encaixar, mas se encaixar pode levar à mediocridade e à perdição. Muitos autores se encaixam, lemos dez autores diferentes e parece que todos os dez escreveram com as mesmas mãos. Literatura não pode estar desvinculada com a nossa capacidade de cavar o fundo de nós mesmos. Se eu escrever e estiver sendo confundida com qualquer outro autor do meu tempo existe alguma coisa errada, algo não está funcionando. Escrita não pode ser uma linha de produção. A escrita de cada autor precisa ser insubstituível.

A expressão literária serve para você expurgar demônios pessoais ou tende mais ao exercício formal, estilístico, mais voltado ao exercício intelectual?

Não acredito em uma escrita que esteja desvinculada do nosso inconsciente, inclusive, o inconsciente coletivo. Não é possível escrever sem convocar nossos demônios. Provavelmente, eles se sentam ao nosso lado quando colocamos o *notebook* em cima do colo. Claro que não acho que isso retira qualquer qualidade da escrita ou justifique seus erros. Meus demônios precisam aprender que escrever é também um exercício estético e intelectual. Considero meus demônios bem espertos!

O que é a vida?

A vida não é escrita? Para mim a vida é tudo que pode ser transformado em literatura ou contribua para isso, mesmo que a maior parte dela não esteja descrita minuciosamente nos livros... Se não for isso, eu realmente ainda não descobri o que é.

Márcia Barbieri é autora da Trilogia do Corpo (*A puta, O enterro do lobo branco* e *A casa das aranhas*) e do romance *Tempo de cão*, sua publicação mais recente.

NATHAN MATOS

Para quem se edita no Brasil?

Você não mede palavras na hora de criticar o mercado editorial e a falta de apoio/adesão para com editoras independentes (como a Moinhos). Por que continuar editando literatura e poesia no Brasil? Para quem se edita?

Infelizmente, tenho essa sinceridade contida em mim, mas aprendi a medir um pouco, sim. Mas, olha, não sei. Ando pensando MUITO nessa última pergunta. Para quem se edita no Brasil? Muito se fala sobre a necessidade de continuarmos publicando, que o livro deve ser acessível etc. Mas o que temos feito? O que eu enquanto editor tenho feito pra isso? O que minha editora tem feito? A gente faz muito pouco, mas faz, sem expor, porque não há necessidade, e sei que outras fazem também, apoiam causas, doam livros, mas isso só não basta. Onde está o verdadeiro envolvimento nosso efetivamente político pra que algo mude? As editoras, a meu ver, tem que começar a compreender melhor os seus deveres. Se você me perguntar não vou saber quais são, mas penso que o primeiro pensamento meu é de tentar se ativar politicamente. Acompanho algumas pautas, sobre a lei do preço fixo, sobre deputados que tentam contribuir para o aumento de bibliotecas pelo país e compra de livros nas escolas, mas é pouco. Não podemos dizer "todo ato é político" e simplesmente achar que publicar livros é um ato político e que se resolve aí. Publicar livros é um ato político, sim, entenda, mas precisamos de mais. Falar que publicar livros nesse momento atual é uma resistência é verdade, mas percebe que tudo no nosso campo é sempre resistência? E daí isso se reside no campo das publicações? Eu não quero dizer com isso que é um baixo impacto, não mesmo. Se você analisar bem, nos últimos cinco anos, por exemplo, quem "ditou" as necessidades de discussão foram várias publicações, principalmente as produzidas por editoras independentes. Fomos nós que puxamos diversos temas necessários a serem discutidos pela sociedade, no sentido em que eles já estavam aí, sobrevivendo, lutando por atenção e contribuímos um pouco com isso. O que fez com que as grandes editoras percebessem e, mesmo pensando no lucro, contribuíssem para a divulgação de ideias, uma vez que possuem ampla divulgação. Nesse sentido, veja, publicar um livro realmente foi um ato político. Contribui na dissipação de ideias e o livro é importantíssimo por isso. Talvez seja esse um dos motivos pra continuar se publicando, seja poesia, conto ou não ficção. Mas esse não pode ser apenas o único motivo em nossa defesa pra continuar publicando e para responder para quem se edita. Porque, no final, todo mundo edita querendo que o povo leia. Conheço várias pessoas que pensam assim, editam livros, sabem que o preço de capa não ajuda, mas queriam mesmo todo e qualquer cidadão ou cidadã lendo seus livros. Eu respondi sem responder, talvez o pensamento aqui quando lido seja visto como até contraditório, mas é isso, não há nada certo nesse caminho, o que sei é que sem a preocupação da categoria de se ativar politicamente não chegaremos a lugar algum.

Transformar a paixão pela leitura em ganha-pão é uma boa ideia?

Não sei. Talvez sim, talvez não. No meu caso, isso foi algo orgânico. Eu não pensava em ser editor. Nunca pensei em seguir essa carreira. Eu queria ler, com a leitura veio a vontade de editar coisas, zine, revista, até livro, mas de uma maneira que isso fosse feita com amigos, para amigos, não de maneira profissional. Quando me vi, já estava perdido: o poeta foi enterrado frente ao burocrata para existir o editor. Pode ser uma boa ideia por isso, porque a paixão fica por um bom tempo, até que os cálculos matemáticos das tabelas apareçam e você percebe que ou publica algo para dar dinheiro ou publica algo para se enterrar, no sentido em que se lança algo que você sabe que não vai dar dinheiro, mas porque você acha que pode contribuir para a sociedade. O perigo maior é esse, como equilibrar isso. Acho que quando se faz algo por paixão, no início, é fantástico. Será muita energia utilizada para que tudo dê certo, no entanto só isso não funciona. Só aprendi na prática. Preferia ter tido mais pé no chão no início. Mas é isso, eu não me vejo fazendo outra coisa que não seja editar. Talvez dar aula ou continuar trabalhando como um *freelancer* do livro em vários sentidos.

O que é a vida?

Façamos assim: quando você souber, você me conta. Ou quando sair algum livro que nos dê essa resposta precisa, você me diz qual que é.

Nathan Matos está à frente da Moinhos desde 2016. Em 2003, criou o portal LiteraturaBr, em atividade até hoje.

PAULO HENRIQUES BRITTO

O motivo principal [de a literatura brasileira não ser lida no exterior] é o isolamento da nossa língua

Algum autor nacional conseguiu chegar perto da potência literária de um Thomas Pynchon, por exemplo, para ficarmos com apenas um autor de fora que você trouxe para o português?

Não acompanho atentamente o que se publica no Brasil (nem em lugar nenhum) na área de ficção, porque minha pesquisa é centrada em poesia, e já não é fácil acompanhar a produção poética contemporânea no país. Mesmo assim, leio alguma coisa quando posso. Os livros de Nuno Ramos, que transitam entre a ficção, a poesia e o ensaio, estão entre os mais interessantes que tenho encontrado nos últimos anos. Em poesia, poderia apontar vários nomes de autores contemporâneos que já produziram obras de peso.

Por tudo que você leu e ainda lê até hoje, consegue apontar um motivo pelo qual a literatura brasileira é tão pouco valorizada no exterior?

O motivo principal é o relativo isolamento da língua portuguesa. Embora o número de falantes seja até grande, a grande maioria deles está concentrada no Brasil. Também há poucos tradutores vertendo obras escritas em português para o inglês ou o francês. Além disso, nos Estados Unidos se publica muito pouco em tradução, e lê-se menos ainda; na Europa, a situação é melhor quanto a esse aspecto. Nas últimas décadas, a obra de Clarice Lispector tem circulado bastante no exterior, e têm surgido novas traduções de Machado de Assis. *Grande sertão: veredas* terá em breve duas novas traduções, para o inglês e para o alemão. Vamos torcer para que essas publicações aumentem o interesse pela nossa literatura.

O que é a vida?

Boa pergunta.

Paulo Henriques Britto é professor na PUC-Rio, poeta e tradutor. Publicou *Nenhum mistério*, *Paraísos artificiais* e *Macau*, entre outros. Trouxe para o português os trabalhos mais difíceis do norte-americano Thomas Pynchon, com destaque para *O arco-íris da gravidade*.

REINALDO MORAES

Nunca me meti nessas merdas de redes sociais. Prefiro perder meu tempo com pornografia, álcool e drogas

O autor de *Tanto faz & Abacaxi*, *Pornopopeia* e *Maior que o mundo* ainda tem espaço em um cenário literário que parece mais preocupado com militância do que com ficção?

Militância política, identitária ou religiosa só geram carne de pescoço em matéria de literatura. Bons leitores, com a cabeça feita na boa ficção atemporal, sabem que o mundo não começou ontem. E viram a cara pra boa consciência. Quando um crítico perguntou pro Joyce como ele pôde passar os trágicos anos da Primeira Guerra Mundial escrevendo *Ulisses*, ele respondeu: "Não me interesso por política. Só o estilo me interessa".

Quando você estreou, na década de 1980, o autor já precisava ter um comportamento diplomático para sobreviver no meio literário? Como vê essa coisa de, hoje em dia, escritor ficar sempre

dando tapinha nas costas do outro, sobretudo nas redes sociais?

Nunca soube o endereço do meio literário. Pra tocar minha carreira literária só precisei de editoras e leitores. Alguns críticos de cabeça aberta também ajudaram. Mas nunca paguei uma reles cerveja pra nenhum deles. E nunca me meti nessas merdas de redes sociais. Prefiro perder meu tempo com pornografia, álcool e drogas. Se fosse mais jovem me arriscaria nas redes sexuais, mas não exatamente pra dar tapinhas nas costas de ninguém. Tenho alguns bons amigos escritores. Quando nos encontramos, ao vivo e a cores, é pra dar tapas em outras coisas.

O que é a vida?

É uma mistura maluca de genética, sorte e desejos no caldeirão do tempo histórico. O curioso é que, seja lá qual for a proporção e a qualidade desses ingredientes, a coisa acaba indo pro brejo de todo jeito.

Reinaldo Moraes é escritor e roteirista. *Maior que o mundo*, *Pornopopeia* e *Tanto faz* são alguns de seus livros.

RENZO MORA

Todo humor é um escudo social

O humor é uma marca forte da sua produção ficcional – e sua enquanto pessoa, aliás, sempre com boas tiradas engatilhadas. Esse recurso é mais estilístico ou funciona como uma espécie de escudo social?

Lorde Byron escreveu: "Nós, do ofício, somos todos loucos. Alguns são afetados pela alegria, outros pela melancolia, mas todos são mais ou menos tocados". O psicólogo Samuel S. Janus publicou um artigo no *Jornal Americano de Psicanálise*, em 1975, sobre comediantes e suas personalidades. O artigo dizia que as faces da comédia e da tragédia frequentemente se confundiam e lembrava que, historicamente, os bobos da corte eram figuras tragicômicas – a personificação do agridoce da existência. Freud indicou que o humor é uma liberação para a ansiedade. Para Abe Burrows, "o comediante deve praticar sua comédia para evitar destruir a si mesmo". Jack Carter, outro importante humorista, dizia: "A parte engraçada, o riso, é entregue ao público, mas o comediante fica com a porção amarga da troca". A comédia foi descrita por um teólogo como: "A capacidade de rir da própria tragédia". Janus conclui que os comediantes expressam sua raiva através da agressividade verbal para fugir do confronto físico. Ele acrescenta que, no geral, os comediantes são indivíduos tímidos, sensíveis e assustados que lutam contra seus medos constantemente e que vencem apenas por breves intervalos, precisando repetidamente batalhar contra o inimigo. Eles são pessoas que têm uma estranha percepção das necessidades e medos de seu público. Em sua maioria, são homens e mulheres dotados de empatia que conseguem converter o medo em humor e o terror em riso. Nada disso é novo: o poeta Czeslaw Milosz já havia escrito que "a ironia é a glória dos escravos", o que sobra quando você não tem força ou poder para se manifestar abertamente contra a opressão. Em resumo, aquele quadro horrível na casa da sua avó que mostra o palhaço chorando (geralmente ele fica ao lado dos cavalos fugindo da floresta em chamas e perto do dinossauro que atravessa a rodovia) tem base na realidade – o que não significa que você deva ter um em sua sala. Então, todo humor é um escudo social. A qualidade das piadas varia, mas todas elas vêm do mesmo lugar.

As referências utilizadas no seu romance, *Johnny Wadd e a música silenciosa do rancho Spahn*, são de fora do Brasil. A produção nacional não te inspira?

Adoro a cultura brasileira, especialmente a música. Um dos meus atores favoritos é Paulo Cesar Peréio, que considero um dos melhores do mundo. Machado de Assis ainda hoje é muito engraçado – dá para ler *Memórias póstumas de Brás Cubas* como se tivesse sido publicado ontem. Ivan Lessa é um mestre absoluto, que poderia estar ao lado de Woody Allen, desde que tirassem as crianças de perto. Mas a sátira é um subproduto do consumo. Você processa e retrabalha o que absorve em abundância. Tendo consumido doses cavalares de *noir* – em livros e filmes – é mais fácil transformar essa massa de informação em comédia. Fora que, no caso desse trabalho em especial, se eu usasse autores e personagens brasileiros eu provavelmente teria problemas legais com *copyright*.

Uma vez assisti a uma palestra de James Ellroy – o cão do demônio da literatura americana. Perguntaram a ele por que ele situava seus romances no passado. Ele respondeu: "Porque eu uso personagens reais e se eu escrever sobre o Watergate, esses filhos da puta que ainda estão vivos vão me processar".

O que é a vida?

Como escreveu William Shakespeare em *Macbeth*: "A vida não passa de uma sombra que caminha, um pobre ator que se agita e pavoneia sobre o palco – faz isso por uma hora e, depois, não se escuta mais sua voz. É uma história contada por um idiota, cheia de som e fúria, que não significa nada". Eu acrescentaria que o ator veio de uma temporada antiga "Malhação", o texto é adaptado de um livro de autoajuda com "Foda" no título e a trilha é sertanejo universitário tocado no último volume.

Renzo Mora escreveu para algumas das mais importantes revistas do Brasil, como *VIP*, *Cult* e *Playboy*, e tem vários livros publicados – de ficção e não ficção. Pela Kotter, lançou *Johnny Wadd e a música silenciosa do Rancho Spahn*.

RICARDO POZZO

Se há uma crise crescente, não é a da produção literária, e sim de sua crítica

Você é um agitador cultural há muitos anos. De onde surgiu esse ímpeto e por que insiste na propagação da prosa e poesia quando tudo joga contra?

A intenção de todo difusor cultural é instrumentalizar todo e qualquer cidadão, na apropriação desse patrimônio imaterial que a humanidade está cocriando desde que reconheceu como sua a sombra crepitante nas paredes da caverna. No caso da literatura, é tornar-se também parte dessa nave que nos conduz na intenção da estruturação do Eu, assim como quando Ulisses, em andrajos, reencontra sua amada Penélope. Ou o Califa, com seu coração sanado por Sherazade. A tornar-se a borboleta que causa o furacão, no despertar de cada consciência, em cada indivíduo, cada um em suas múltiplas personas, em suas diversidades. Quanto à adversidade, é necessário recordar que ela nos é favorável quando nos ensina a respeitar nossos limites e que a humildade é um indício de lucidez.

Acompanhando de perto a produção literária há muito tempo, em todo tipo de evento, como avalia a geração atual? Ainda: como um propagador da cultura, permite-se enxergar a cena de forma valorativa?

A cena atual é a construção que vem alicerçada pelos outros poetas que nos antecederam nestes mesmos ermos ao qual nos defrontamos, este sertão em si, que, sim!, é também o mundo e é esta região na qual se inclui o interior do Paraná. A poesia, que é universal, projeta, em cada cenário, uma cena para que possamos compreender nossa universalidade. A cena se adapta aos tempos em que está inserida. Bons tempos fazem maus poetas? Se há uma crise crescente, não é a da produção literária, e sim de sua crítica e o desafio de filtrar o escritor daquele que é obrigado a ser o "empreendedor" literário. Artistas e seus empresários foram obrigados a coabitar o mesmo indivíduo. É o *self-made man*, modelo incorporado do necrocapitalismo atual.

O que é a vida?

A vida é um milagre do acaso e os humanos, ao que sabemos, são animais duplo *sapiens* únicos no universo perceptível, de há milhões de anos até agora, capazes de testemunhar o assombro em meio a esse Cosmos inexpugnável de preciosos entrelaçamentos de coincidências que permitiram, ao planeta Terra, um ser vivo.

Ricardo Pozzo é um dos principais nomes da cena *underground* de Curitiba. Pela Kotter, publicou *Cidade industrial.*

RODRIGO LACERDA

É ótimo saber que o Brasil tem hoje editoras menores e de grande qualidade

Sua ficção foi publicada pelos mais prestigiados braços de grandes conglomerados editoriais e, há algum tempo, você está à frente de um. Como vê as editoras independentes nesse cenário?

Vejo com entusiasmo o papel das editoras independentes. Meu primeiro romance, *O mistério do Leão Rampante*, foi o primeiro livro publicado pela Ateliê Editorial, em 2005 – estreamos juntos –, e depois publiquei também pela Ateliê meu terceiro livro, de contos, chamado *Tripé*. Muitas vezes, um livro excelente não cabe no perfil de grandes editoras, ou de grandes grupos editoriais, e é ótimo saber que o Brasil tem hoje editoras menores e de grande qualidade, capazes de receber essa produção. Sempre que fui jurado de algum prêmio literário, dei aos livros das editoras independentes a mesma atenção que aos das editoras maiores. Sempre que fiz a curadoria de algum evento literário, dei aos autores de editoras independentes o mesmo espaço que aos autores das grandes editoras. Acho essa diversidade importante e saudável. Além disso, valorizo muito o espaço que nós autores costumamos ter, nas editoras independentes, de participar mais do processo de edição e produção dos livros. Nem sempre uma editora maior pode dar esse tratamento individualizado a todos os autores, mas a editora menor consegue fazer isso, e adoro participar do processo dos meus livros tanto quanto possível.

Mexer profissionalmente com literatura influencia – positiva ou negativamente – sua produção ficcional? Em miúdos: fazer de uma paixão ganha-pão é boa ideia?

Acho que ser editor de literatura influencia tanto quanto ler literatura. Se determinado livro causa muito impacto em você, é natural que alguma coisa dele permaneça na sua cabeça por um tempo, e eventualmente acabe sendo aproveitado em algo que você esteja escrevendo. Não como imitação, claro, mas como influência indireta. Se fazer da paixão um ganha-pão é uma boa ideia, creio que sim. Sou escritor, tradutor e editor, e vejo que essas três atividades, no meu caso, são complementares. Editei a obra do escritor paulista João Antônio, na extinta Cosac Naify, enquanto fazia uma tese de doutorado sobre ele; foi uma experiência boa trabalhá-lo desses dois pontos de vista simultaneamente. Outro exemplo: muitas vezes, certas questões políticas que não aparecem na minha obra ficcional podem aparecer em livros que edito ou traduzo. Então, acho que para mim vale aquela frase sobre o sucesso profissional: "O segredo do sucesso profissional é encontrar aquilo que você gosta tanto de fazer que faria até de graça, e então encontrar alguém que te pague para fazer isso".

O que é a vida?

"Uma sombra que passa, uma história cheia de som e fúria, sem nenhum significado", diria o Shakespeare. Difícil encontrar uma definição melhor. Mas, tentando ser um pouco menos niilista, eu diria que é uma história que, embora você já saiba como vai terminar, tem *plot twists* e personagens bons o suficiente para merecer ser lida e saboreada.

Rodrigo Lacerda é editor-executivo da Record e possui uma obra de ficção premiada. *O mistério do leão rampante*, *O fazedor de velhos* e *Outra vida* são alguns de seus livros publicados.

SANTIAGO NAZARIAN

Ninguém conquista nada sozinho, nem no meio literário

Qual a maior lição – positiva ou negativa – que tirou desses seus vinte anos de trânsito pelo meio literário?

Que ninguém conquista nada sozinho, nem no meio literário. Ainda que a escrita seja uma atividade solitária, e ninguém faça o livro por você, nem a editora, você só colhe frutos se for interessante para outras pessoas. Então a capacidade de se articular, se vender e se relacionar muitas vezes é mais importante do que o talento na escrita. Mas acho que isso vale para quase todas as áreas, afinal.

Você não faz questão de esconder sua frustração em relação à falta de leitores e ao silêncio que há em torno do ficcionista no Brasil. Por que seguir mexendo com letras em um país que parece não dar a mínima?

Não acho que o maior problema seja a falta de leitores. O problema é a desvalorização da escrita. É uma atividade que todo mundo acha que sabe fazer, que é difícil avaliar, então é difícil trazer retorno. Sigo fazendo porque tenho prazer na prática. Ainda que o retorno seja frustrante, não é um esforço.

O que é a vida?

Uma série de reações químicas.

Santiago Nazarian é escritor e tradutor. *Veado assassino* e *Fé no inferno* são seus livros mais recentes.

THAIS LANCMAN

Não digo isso como um fardo, mas um privilégio e uma descoberta feliz, a literatura

O livro de contos *Pessoas promíscuas de águas e pedras* foi finalista do Oceanos. Essa conquista mexeu com seu ego? A Thais que escreve hoje ainda encara a literatura da mesma forma?

É bastante paradoxal. Ser finalista do Oceanos me deixou mais autoconfiante, foi inevitável pensar "agora sim posso me apresentar como escritora", muito embora eu mesma ache isso meio bobo e admire inúmeros escritores que nunca receberam um prêmio nem foram finalistas de nada. Também porque não sou uma escritora que tenha outros momentos de reconhecimento além do Oceanos. Não sou alguém que vive sendo lida, resenhada, recebendo comentários elogiosos no Instagram ou convites para feiras literárias, não circulo muito, então esse dado na minha biografia é a minha medalhinha. Ao mesmo tempo, tem alguns dados importantes anteriores e posteriores ao Oceanos. Antes mesmo de publicar o *Pessoas promíscuas de águas e pedras*. Porque sempre gosto de lembrar que ele perdeu prêmios e foi rejeitado por editoras, inclusive uma que já tinha me publicado. E, mesmo assim, o livro saiu (com algumas revisões feitas, é claro), e saiu com um sentimento meu de orgulho: que, ao rejeitar meu livro, eram essas editoras que saíam perdendo. Isso significa que o meu ego não estava em seu pior momento quando o livro apareceu na primeira lista do Oceanos: eu já estava com alguma consciência de um projeto literário em curso, e ciente de que seguiria com ele independente da compreensão do público. Posteriormente ao Oceanos, publiquei *Meu ano Flávio de Carvalho* pela editora Folhas de Relva. Tentei pegar carona no Oceanos com o lançamento, e isso não aconteceu. E ele também ficou fora das premiações, apesar de eu achar o livro muito bom. Tenho muito orgulho dele e acredito que seja um passo consistente nesse projeto literário que construo a cada novo texto. Suspeito que essa segurança com um livro tão "obscuro" (apesar de ter recebido em *off* elogios de pessoas cuja opinião respeito demais, além dos comentários do supereditor do livro, Alexandre Staut) venha em parte do Oceanos. Mas resiste, e deve seguir resistindo com meus próximos "fracassos" literários porque, como disse, sei que prêmios têm algo de pontual e passageiro. Vejo amigos que já receberam Prêmio São Paulo, Jabuti e outros e nosso dia a dia não é muito diferente. Isso nos mantêm no chão. No final das contas, encaro a literatura da mesma forma. No sentido mais prático, é: não ganho um centavo para escrever e meus leitores são quase ninguém, então vivo a absoluta liberdade criativa, inclusive cada vez mais descubro a liberdade de não escrever sempre, de escrever pouco (finalmente entendo o que o que Vila-Matas quis dizer). O lado negativo de ser uma profissional não remunerada da escrita é que ela às vezes fica com o tempo e o espaço mental que sobra na agenda.

Por que mergulhar na produção ficcional e engatar em uma sólida carreira acadêmica, como você fez, em um país que não valoriza nada disso?

Acho que a resposta mais simples é a que o Jon Krakauer fala sobre o porquê de tanta gente gastar tempo e dinheiro e correr risco de vida ao escalar uma montanha como o Everest: porque ela está lá. A ficção, a criação literária como um todo, é um vício, uma paixão. É uma atividade que uma pessoa com dificuldade de concentração como eu é capaz de passar horas, dias, semanas. É um esforço quase sempre muito prazeroso costurar narrativas, pensar em onde consigo chegar com as palavras. E um ofício que escorre para a minha maneira de comer, ver filmes, ler (óbvio), fazer todas as atividades diárias. Não digo isso como um fardo, mas um privilégio e uma descoberta feliz, a literatura. Sobre a minha carreira acadêmica – que não é nada sólida, pelo contrário, ou melhor, talvez seja sólida mas não seja uma carreira, pois não há carreira onde não há perspectiva de emprego estável (Brasil 2023) – tem o mesmo fascínio que a produção ficcional. Aliás, cada vez mais sinto que nas duas faces do meu trabalho adoto procedimentos parecidos. Quando estou no modo pesquisadora, ou dando aulas, sinto que é algo que sei fazer, é uma atividade na qual sou boa e posso ser melhor ainda (um pouco como na esquete "Ministério do Andar Tolo", do Monty Python). É também a atividade na qual sinto que tenho algo a contribuir com o país, ainda que ele não valorize isso. Pelo menos estamos entrando em um período que o ódio às Ciências Humanas pode começar a arrefecer. Porque não sei de nenhum país em que pesquisadores de humanas sintam que estão sendo devidamente valorizados, principalmente em comparação aos colegas de outras áreas, só que aqui ainda estamos na fase de exigir o mínimo, e estou disposta a tentar conseguir esse mínimo, buscar por alguma dignidade para jovens acadêmicos no país antes de buscar alternativas fora do país.

O que é a vida?

A vida é uma sucessão de tentativas de driblar a morte. Não somente evitar morrer de fato, mas evitar que pensamentos sobre a morte tomem conta e nos cause uma paralisia, se tornando uma tautologia tão ativa quanto imobilizante. O maior exemplo disso é o niilismo fatalista do "vamos todos morrer mesmo", que leva à perda de sentido, a inação boba (existem inações que não são bobas, veja bem), mas também existem a falta de laços e relações verdadeiras, que vêm de pensar a própria morte e a morte inevitável de todos. Aquele pensamento estúpido de quem diz que não quer ter cachorro para não se apegar e lidar com a morte dele um dia. E tem também ficar elucubrando como vai ser cada morte e viver em função disso, enfim, é preciso driblar a morte ou evitando pensar nela ou lidando com ela de outra forma. Isso fica progressivamente mais difícil conforme se envelhece. Talvez tenha um desafio pontual e extra quando um filho nasce, e talvez por isso a gente admire tanto os feitos artísticos ou não de jovens, porque eles são apenas vida e respingam em nós a morte. Diria, então, que a vida é tudo aquilo que acontece quando não se pensa na morte, de maneira mais ou menos banal.

Thais Lancman é professora e escritora. *Pessoas promíscuas de águas e pedras* e *Meu ano Flávio de Carvalho* são dois de seus livros.

WILLIAM TECA

Não se fala da literatura paranaense, não se escreve sobre a literatura paranaense e não se pensa a literatura paranaense

A literatura paranaense é invisível?

Invisível quer dizer "aquilo que não é visível" (daí o prefixo de negação *in* + visível), o que, de outro modo, pode ser dito como "aquilo que não aparece" ou que "está encoberto", "velado", "oculto", "no escuro" (obscurecido), mas nunca aquilo que "não é" ou "aquilo que não há".

A literatura paranaense está "aí". Não há como negar a gigantesca *massa literária* que se estende como um tapete fúngico sob a camada superficial da *massa discursiva.* Assim como os cogumelos aparecem depois da chuva, a literatura paranaense precisa de uma *chuva discursiva* que a tire das entranhas escuras no *não aparecer.* Para que isso aconteça, é necessário o *discurso iluminador, des-velador* e *des-ocultador,* ou, para usarmos uma expressão mais condizente: o *logos apofântico,* simplesmente considerado como *discurso mostrador.*

A literatura paranaense está oculta sob camadas de soterramento cujas causas seriam um tanto exaustivas de demonstrar, mas que não são desconhecidas nem pelo menos arguto praticante do senso comum. Para tirá-la do subterrâneo, é preciso falar sobre ela e evocá-la (daí a ideia do *logos apofântico*).

Para ficar apenas em algumas das causas possíveis de tal ocultamento, poderia citar o baixo interesse que o próprio *público leitor* tem em relação a ela. Faço aqui de saída uma diferenciação entre o chamado "grande público" e aquilo que designo como "público leitor": o "grande público" são as pessoas que por si mesmas não têm o hábito de ler — num país como o Brasil, é a esmagadora maioria da população —, já o "público leitor" é relativo a pessoas que têm tanto o hábito de ler quanto o de comprar livros e é composto fundamentalmente, por mais estranho que possa parecer, pelas pessoas que também escrevem — normalmente, um público universitário ou de pessoas que fazem parte, em alguma medida, de um nicho bem específico — uma elitezinha cultural, ainda que capenga. O que quero dizer, em poucas palavras, é que a *literatura paranaense* é feita *por* e *para* letrados e esses mesmos letrados são os responsáveis amiúde pela própria invisibilidade do que eles mesmos criam.

Nós não falamos uns dos outros, queremos ser lidos e comentados, mas tendemos, motivados por nossos pequenos e narcísicos egos, a sedimentar o outro na invisibilidade (gostamos muito e é satisfatório quando alguém se dá ao trabalho de ler e comentar o que escrevemos — e algumas vezes, ainda que em parcos meios, nas raras colunas literárias ou mesmo em postagens nas redes sociais — só que, comumente, jamais retribuímos o favor, afinal, sempre somos os melhores, talentosos e competentes e merecemos ser admirados, mas não o outro, nós não os consideramos relevantes tanto quanto nós mesmos). Isso, combinado com a total e completa ausência de publicidade das obras *publicadas* — uso aqui o termo "publicidade" com o sentido de "tornar público", e não com o sentido mais chão de "fazer propaganda" ou se utilizar de meios de divulgação *publicitários* — culmina na impressão de que ninguém faz nada digno de nota, a não ser para si mesmo e para agradar aos membros da família.

Aqui, cabe fazer também uma pequena nota: há diferença entre fazer *literatura* e fazer livros. *Literatura* é um indicativo formal, uma palavra que abarca uma infinidade de possibilidades de *expressões criativas*; já quando falo em fazer um *livro*, me refiro a produzir um objeto de consumo ligado diretamente ao famigerado *mercado editorial*. Uma coisa é uma coisa e outra coisa é outra coisa, embora em alguns casos as duas coisas possam ser a mesma coisa. Há muitos escritores sem livros e muitos livros sem escritores. Ser escritor não é ser autor e ser autor não é ser escritor, ainda que isso possa parecer confuso e às vezes também as duas coisas sejam a mesma.

Voltando ao ponto, com exceção de alguns saraus em bares, cujo objetivo maior é sempre beber e socializar, um ou outro lançamento, cujo objetivo são a socialização e o coquetel (quando o há), não existe um espaço e um tempo (um quando e onde) sérios de discussão e confronto quanto ao que se produz dentro da literatura paranaense (tal falta de confronto contribui a um relativismo cada vez maior e tal relativismo a uma inanição de uma possível crítica, especializada ou não, capaz de criar um crivo quanto ao que se produz por aqui), o que obviamente é um fenômeno não só nas nossas terras. Seminários, encontros, revistas e diversos outros meios simplesmente, esses sim, *não existem* — hoje em dia, nem o evento sobre o poeta oficial existe mais — seja pela incapacidade de organização dos próprios autores (ou a incapacidade das panelinhas egoicas e narcísicas de dialogarem entre si), seja pela falta de incentivo financeiro (para um monte de escritores — e não autores — escrever é *hobby horse* e denota nossa falta de capacidade de respeitar e tratar a questão com o grau de profissionalismo que ela mereceria — já ouvi muitas vezes convites para "ir lá divulgar meu trabalho", mas sem ganhar um tostão) ou, por último, pela mera falta de interesse mesmo. Não se fala da literatura paranaense, não se escreve sobre a literatura paranaense e não se pensa a literatura paranaense (claro, existem os trabalhos acadêmicos, mas esses servem na maioria das vezes só para criar poeira nas prateleiras bem do fundo das bibliotecas universitárias). A última vez em que fui e participei de um evento sobre literatura paranaense em que os autores estavam vivos foi na Biblioteca Pública na gestão do finado Cláudio Fajardo.

Deixando de lado por um momento o aspecto realmente relevante da literatura que é sua qualidade artística — evito propositalmente a palavra *estética* —, sociologicamente, isso pode estar ligado a dois fatores: o primeiro é aquele que Paulo Leminski destrinça num artigo chamado "A mística imigrante do trabalho" — e ao qual remeto aos interessados (aproveito e indico também outro artigo: "Sem sexo, necas de criação") — o outro é a nossa parca identidade cultural (que me remete à piada do barril de caranguejos, que não citarei aqui e quem não conhece procure conhecer, vire-se).

Claro que tirar a literatura paranaense do ocultamento nunca será garantia de transformação do *grande público* em *público leitor*, esse sim, um problema insolúvel, a menos que algum de nós tenha um amigo responsável por indicar os livros do vestibular.

Além de ter uma sólida formação acadêmica, você é poeta, prosador, tradutor e professor. Em um país que parece não dar a mínima para nada disso, o que te faz insistir nesse caminho?

Não diria que tenho uma "sólida formação acadêmica". Nunca fui um aluno exemplar. Aliás, na minha geração dentro da universidade, as pessoas mais talentosas, criativas e interessantes também não tiveram. Os que tiveram e seguiram o rumo da carreira acadêmica foram alguns *apple-polishers* que tiveram relações simbióticas com alguns professores. Me considero mais um "pensador selvagem". A universidade, pra mim (minha primeira citação de Oswald), sempre foi vitamina, o arroz com feijão mesmo eu comia fora dela, nos bares, nos corredores e conversando informalmente com os professores, alguns realmente generosos e que me indicaram caminhos e veredas muito mais interessantes do que o currículo da universidade permitiria e com quem tenho uma enorme dívida intelectual. Durante meu período de estudo formal, eu raramente estava lendo ou estudando aquilo que deveria estudar — isso só aconteceu na pós-graduação — e o que mais gostava na universidade era da biblioteca e do restaurante universitário. O que aprendi, aprendi fora dos bancos universitários e não sem razão. Toda sistematização, seja ela de que natureza for, tende à homogenização e à *mediocridade* (ou *mediania*, para os sensíveis) e jamais à *criatividade*, desde o jardim da infância (não se pinta um cavalo de azul e o céu de amarelo) até o mais longínquo pós-doutorado. A universidade não é um lugar — como deveria ser — de produção de conhecimento, mas de qualificação de mão-de-obra.

O fato de eu escrever, seja prosa ou poesia, acaba sendo um caminho natural a qualquer um que estude: uma hora a coisa transborda, e foi o que aconteceu comigo. Sempre gostei de estudar — um dos aspectos que a universidade me ajudou muito foi a possibilidade de sistematizar e organizar meus estudos e os discursos —, para mim é uma condição *sine qua non* da existência, e tanto a minha escrita quanto minhas qualificações profissionais (como educador ou tradutor) advêm daí.

Quanto a eu insistir em escrever mesmo tendo pouquíssimos leitores — curiosamente, para me remeter à questão anterior, a maioria de meus leitores sequer está no Paraná ou em Curitiba, mas bem longe daqui, isso graças, principalmente, à difusão proporcionada pela divulgação da minha poesia pelo *Radiocaos*, o excelente programa do Samuel Ferreira Lago e do Rodrigo Barros Del Rey, senão provavelmente eu seria ainda mais invisível do que sou — já me incomodou no passado, hoje em dia não me incomoda mais.

Eu me iludia quando era novo e pretendia ser o "poeta das massas", mas, com o tempo, isso passou. Prefiro escrever para poucos, sobretudo porque o que faço exige um tipo de disposição e paciência que vai um pouco na contramão dos pratos feitos literários que agradam ao público. Para citar o Oswald (minha segunda citação), talvez um dia a massa coma do meu biscoito fino.

Obviamente, todo mundo escreve para ser lido — quem diz que escreve pra si mesmo é um hipócrita —, é uma necessidade de expressão imbricada fortemente com uma mistura de egocentrismo e narcisismo (não existem escritores humildes, quem disso isso é idiota ou mal intencionado), mas que quando compartilhada perde o viés meramente negativo (não há nada de errado em ter ego e ser narcisista, a questão é o que fazer com isso — para o espanto dos detratores que me acham mais pedante que o meu amigo Ivan Justen) e pode realmente se transformar em algo um pouco além do exercício passional-passivo-agressivo, o lugar comum de boa parte das coisas que são escritas.

Assim como compartilho minha casa e intimidade com pouquíssimas pessoas, as coisas que escrevo também ficam melhores com alguma discrição. Ainda que essa reserva me fosse a princípio imposta, hoje ela é uma escolha. E me livrei da angústia que assola todo artista que se pergunta sempre se o sucesso é um indicativo de qualidade ou de diluição pelo gosto das massas. A literatura sempre foi e sempre será uma coisa para poucos — não sejamos hipócritas e ingênuos —, quem quer o grande público tem que fazer outro tipo de coisa que normalmente é o embutido, a literatura processada, rica em sódio e corantes, que pode ser comida em cinco minutos.

O que é a vida?

A vida é uma desgraça produzida por uma aleatoriedade sem sentido e sem qualquer propósito. O "grande engano" que precisa de enganos cada vez maiores para se justificar, uma mentira que precisa de outras mentiras. O ponto é que chega um ponto em que as mentiras começam a valer por si mesmas, e a causa inicial se perde num passado infinito, daí o rito começa a valer por si mesmo e nos tornamos todos e somos todos uns vigaristas e impostores — pastores numa igreja vazia pregando sermões vazios ao próprio vazio que somos.

Não há nenhuma verdade, razão ou sentimento capaz de justificar essa "coisa" toda chamada vida (que está mais para um indicativo formal saturado de vazio), mas nos enganamos porque gostamos de nos enganar, amamos a mentira de fazer uma profissão de fé da existência e nos atiramos de olhos fechados nesse abismo.

Felizmente, para a imensa maioria dos seres ditos humanos, a vida é uma coisa que está completamente obscurecida, velada e invisível — distante, porque viver é ter noção da própria vida e da própria existência, e maioria não existe e sequer está "aí" — caso contrário, não haveria sociedade, mundo, literatura e tudo culminaria numa grande imolação coletiva, mas cuja execução exigiria uma dignidade e uma honra heroica que se perdeu e jamais será encontrada.

Nec spe nec metu.

William Teca é poeta e professor. *déjà vécu*, *Sinistros insones* e *meia com amargo* são alguns de seus livros. Pela Kotter, lançou o estudo sobre Leminski *Descartatau.*

Papel **pólen bold 90**g/m²

Tipologias **Linux Libertine G 7** e **12** e **Cutthecrap 14**

Impresso no **Inverno de 2024**